KB268950

新選明文東洋古典大系

新完譯

忠經

金學主 譯著

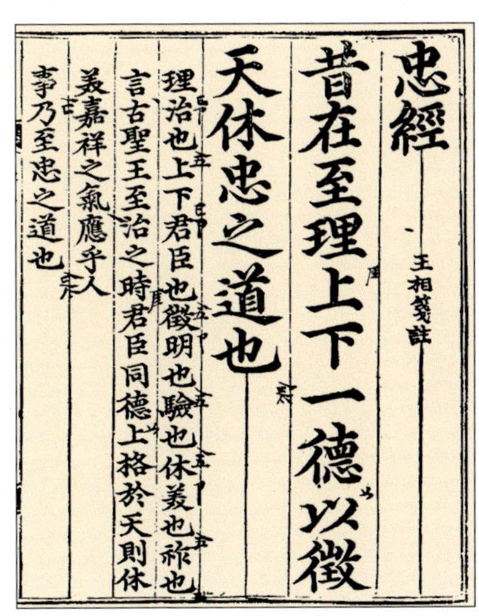

忠經

王相箋註

昔在至理上下一德以徵天休忠之道也

理治也上下君臣也徵明也驗也休美也祢也言古聖王至治之時君臣同德上格於天則休美嘉祥之氣應乎人事乃至忠之道也

明文堂

책머리에

〈충〉은 공자의 윤리사상 중에서도 중국의 봉건전제 제도와의 관계에 있어서 가장 독특한 덕(德) 중의 일종이라고 할 수 있다. 뒤의 부록으로 첨부한 '사서(四書)에 보이는 충론(忠論)'을 통해서도 알 수 있듯이 공자가 설교한 〈충〉이란 기본적으로 '충실' '성실'의 뜻이다. 《논어(論語)》를 보면 공자는 "나의 도는 하나로 관통되고 있다" 하였고, 그 '하나로 관통되는 도'를 증자(曾子)는 "충(忠)과 서(恕)"라고 설명하고 있다(里仁편).

여기에서의 〈충〉은 충실히 자기의 성의를 다하여 자신의 몸과 마음가짐을 올바로 지니는 것이다. 그리고 〈서〉는 자신의 입장을 미루어 남을 생각해 주는 것, 곧 '남을 먼저 생각해 주는 것'이다. 그리고 공자는 자기와 다른 사람과의 관계를 논하면서 흔히 〈충〉과 함께 〈신(信)〉을 들어 강조하고 있다. 남들과 어울릴 적에는 우선 자기의 행실이나 말이 충실하고 신의가 있어야 함을 강조하고 있는 것이다.

그러나 한(漢) 무제(武帝, B.C. 140~B.C. 87년 재위)가 오경박사(五經博士)를 두고 유학을 봉건지배를 뒷받침하는 학문으로 숭상한 이래, 유교사상도 봉건 윤리를 제대로 해석할 수 있도록 여러 가지 면에서 성격의 변화를 가져왔다. 그 중에서도 유학의 중심을 이루는 윤리학에 있어서 봉건전제의 바탕으로 특히 〈효〉와 함께 〈충〉이 크게 중시되기 시작하였다. 〈효〉는 이 무렵에 이루어진 책이라고 생각되는 《효경(孝經)》을 바탕으로 자기를 낳아준 부모에 대한 자식의 봉양(奉養)과 순종을 뜻하는 절대적인 덕목으로 존숭되게 되었다. 그리고 이 〈효〉의 개념을 밖으로 확충시켜 임금에게 적용하면 〈충〉이 되고, 이는 모든 윤리의 기본이 되는 것으로 발전하였다.

이러한 경직된 〈충〉과 〈효〉에 대한 생각은 유교윤리를 대표하는 오륜(五倫)의 하나로 행세하면서 그대로 중국인의 윤리를 지배하여 왔다. 공자의 〈충〉·〈효〉의 개념과 크게 달라진 것임에도 불구하고 아무도 그것을 문제 삼지 않았다. 특히 송(宋)대에 발전한 신유학(新儒學)은 이론적으로 봉건질서를 철저히 옹호하고 있어서 〈충〉·〈효〉가 임금과 부모에 대하여 신하나 자식들이 절대적으로 따라야만 할 윤리로 그 해석을 더욱 경직화하여 놓았다. 공자는 〈충〉과 함께 남에 대한 배려를 뜻하는 〈서〉도 똑같이 자신의 "하나로 관통되는 도"라 하였으나 〈충〉을 임금과 나라에 대한 충성의 뜻으로만 강조하다 보니 〈서〉라는 덕목은 매우 홀대를 받지 않을 수가 없게 되었다.

이런 유학 윤리의 변화 속에서 동한(東漢) 마융(馬融, 79~166년)이 저술하고 정현(鄭玄, 127~200년)이 주(注)를 달았다는 《충경》이 나왔다. 그런데 이 책은 송(宋)대에 와서야 세상에 모습을 드러내고 있으니 송대 사람의 위작일 가능성도 있다 한다(《四庫全書總目提要》 子部 儒家類存目). 그러나 이 책이 한대 마융에 의하여 씌어진 것이건 송대 사람에 의하여 위작이 된 것이건 상관이 없다. 왜냐하면 이 책은 《효경》과 함께 한대에 시작되어 송대에 더욱 경직되었던 중국의 봉건전제를 뒷받침해 온 유가 윤리의 중심을 이루는 〈충〉의 사상을 가장 구체적으로 기술하고 있기 때문이다.

중국의 봉건윤리를 이해하려 한다면 《효경》과 함께 이 《충경》을 읽는 것이 지름길이 될 것이다.

2005년 11월 27일

金學主 인헌서실에서

일러두기

① 번역의 대본으로는 〈한위총서(漢魏叢書)〉본과 기타 판본을 참조하였다.

② 번역은 각 장에 따라 나누어 하고, 쉬운 현대말을 사용하되 되도록 원문의 어순(語順)을 따르도록 노력하였다.

③ 원문에는 현대식 표점(標點)을 찍은 이외에, 되도록 현대화시킨 현토와 독자의 편의를 위해 독음을 달았다.

④ 원문 이외에 작자 서문과 명(明)대 한양(韓陽)의 간행 서문을 번역하여 붙여 놓음으로써, 이 책들의 저작 동기와 간행 의의 등을 알게 하였다.

⑤ 본래의 각 장 제목 아래 다시 현대적 제목을 붙여 놓음으로써 각 장의 대의(大義)를 짐작할 수 있도록 하였다.

⑥ 끝머리에는 참고로 사서(四書)에 보이는 〈충〉에 관한 말을 모두 뽑아 번역, 본문·원문·주·해의를 달아 놓았다. 이것은 공자의 〈충〉에 대한 개념과 《충경》에 쓰여 있는 〈충〉의 개념을 독자 스스로가 비교할 수 있도록 하기 위한 것이다.

⑦ 주(註)는 본문까지 아울러 읽는 분을 위해서 달았으며, 되도록 간결히 설명하되 필요한 경우에만 그 전거(典據)를 표시하였다.

⑧ 각 장의 끝머리 해의는 그 장의 대의(大義)를 요약하는 한편, 본문에서 생략하고 있는 뜻을 밝히는 데 노력하였다.

차 례

《충경(忠經)》 해제

1. 《충경》의 작자

《충경》은 옛날부터 전해오는 책에 모두 한(漢)대의 마융(馬融, 79~166년)이 짓고, 거기에 정현(鄭玄, 127~200년)이 주(註)를 단 것으로 되어 있다.

마융은 자가 계장(季長)으로 멋진 용모와 뛰어난 말재주에 여러 가지 재능까지 갖추고 있던 학자였다. 본시 지순(摯恂)에게 유학(儒學)을 배웠는데, 지순은 그의 재능에 탄복하여 그를 사위로 삼았다. 후한 안제(安帝) 영초(永初) 4년(110)에 교서낭중(校書郎中)이 되었는데, 원초(元初) 2년(115)에 권세를 휘두르는 임금의 외척(外戚)을 풍간(諷諫)하는 내용의 〈광성송(廣成頌)〉을 지어 바쳤다.

이로 말미암아 임금의 외척과 그들과 관계가 깊은 신하들의 미움을 받아 40년 동안 같은 자리에서 일하다가 마침내는 스스로 벼슬자리에서 물러났다. 그러나 태후(太后)가 그 말을 듣고 그가 충성스럽지 않다는 이유로 금고(禁錮) 6년의 형을 내렸다.

뒤에 태후가 죽고 안제가 친히 정사를 돌보게 되었을 적에 그는 〈동순송(東巡頌)〉을 지어 바쳤는데, 안제는 그 글을 읽고 그의 재능을 인정하여 낭중(郎中) 벼슬을 내렸다. 벼슬을 다시 세 번 옮긴 끝에 환제(桓帝) 때(147~167년)에는 남군(南郡) 태수(太守)가 되었으나 대장군(大將軍) 양기(梁冀)의 미움을 사 삭방(朔方)으로 귀양을 가게 되었다. 마융은 이때 자결을 하려고 하기까지 했으나 다행히도 죽지는 않았다.

뒤에 죄를 용서받고 돌아와 의랑(議郎) 벼슬을 받고 다시 동관(東觀)에서 책을 읽고 공부하며 글을 쓰는 일에 종사하다가 얼마 뒤에 병을 핑계로 벼슬자리에서 물러났다.

마융은 뛰어난 재능에 학문이 깊고 박식하여 그 시대의 가장 훌륭한 학자로 알려졌으며, 언제나 수천 명의 제자들이 그를 따랐는데, 그 중에서도 《충경》에 주를 단 정현(鄭玄, 127~200년)은 가장 뛰어난 학자이다.

그의 생활은 낭만과 사치를 극하여 선비로서의 세속적인 생활풍습과는 달리 금(琴)을 잘 타고 저[笛] 불기를 좋아했으며, 언제나 화려한 장막과 사치스런 장식과 물건들로 가득한 가운데 앉아 뒤에는 여자 악공들을 줄지어 있게 하고 제자들을 대하였는데, 제자들 중에는 그의 방안에 들어가 보지도 못하는 자들이 허다하였다 한다.

그의 저술로는 《삼전이동설(三傳異同說)》과 부(賦), 송(頌) 등 21편의 글이 있고, 《효경(孝經)》·《논어(論語)》·《시경(詩經)》·《역경(易經)》·《삼례(三禮)》·《상서(尙書)》·《열녀전(列女傳)》·《노자(老子)》·《회남자(淮南子)》·《이소(離騷)》 등에 관한 주(注)를 남기고 있다.

정현(鄭玄)은 자가 강성(康成)이며, 마융을 스승으로 모시고 공부하였다. 그러나 정현이 3년의 공부를 마치고 자기 고향(동쪽의)으로 돌아갈 때에 스승인 마융이 "정생(鄭生)이 지금 떠나가면 나의 학문도 동쪽으로 함께 가버리는 셈이다!"라고 말하였다 한다.

고향으로 돌아온 그에게도 천 수백 명의 제자들이 따랐으며, 북해상(北海相) 공융(孔融, 153~208년)은 그를 존경한 나머지 고밀현(高密縣)에 그를 위해 일부러 정공향(鄭公鄕)이란 고을을 마련해 주었고, 황건적(黃巾賊)이 온 세상을 어지럽힐 적에도 난적들조차 그의 고을은 침범하지 않기로 묵계(默契)가 되어 있었다 한다. 헌제(獻帝) 건안연간(建安年間, 196~219년)에 대사농(大司農)이란 벼슬이 내려졌으나 얼마 안 있어 죽었다.

정현의 중국 학술사상의 업적은 전무후무(前無後無)

하다고 할만큼 위대하다. 그의 저서로는 《천문칠정론(天文七政論)》·《노례체협의(魯禮禘祫議)》·《육예론(六藝論)》·《모시보(毛詩譜)》·《박허신오경이의(駁許愼五經異議)》 · 《답임효존주례난(答林孝存周禮難)》 등이 있고, 《주역(周易)》 · 《상서(尙書)》 · 《모시(毛詩)》·《의례(儀禮)》·《예기(禮記)》·《논어(論語)》·《효경(孝經)》·《상서대전(尙書大傳)》·《중후건상력(中候乾象曆)》 등에 관한 주(注)를 남기고 있다.

이처럼 마융과 정현은 〈충〉을 본격적으로 숭상하기 시작한 한대의 위대한 학자이므로 《충경》의 작자와 주석자(注釋者)로서 가장 적절한 학자들이라 할 것이다. 그러나 《후한서(後漢書)》 마융전(馬融傳)과 정현전(鄭玄傳) 또는 《정지(鄭志)》 목록 등을 보면 마융의 저서나 정현이 주를 쓴 책 중에 《충경》이 들어 있지 않다.

따라서 기윤(紀昀, 1724~1805년)의 《사고전서총목제요(四庫全書總目提要)》 자부(子部) 유가류존목(儒家類存目)의 《충경》에 대한 해제에서 설명하고 있듯이, 《수서(隋書)》 경적지(經籍志)와 《당서(唐書)》 예문지(藝文志)에는 《충경》이 보이지 않고 송(宋)대의 《숭문총목(崇文總目)》에 비로소 그 이름이 보이고 있으니 송대 사람이 그들의 이름을 빌어 위작한 것일 가능성도 있다. 그러나 모두 확실한 증거가 있는 주장들은 아니다.

〈충〉은 유가의 윤리 중에서도 가장 두드러지는 덕 중의 하나여서, 이미 한(漢)대 이전에도 〈충〉에 관한 저술로 진(秦)나라 상국(相國)이었던 여불위(呂不韋, ?~B. C. 235년)가 편찬한 《여씨춘추(呂氏春秋)》 중동기(仲冬紀)에는 지충(至忠)·충렴(忠廉)의 두 편이 들어 있다. 그리고 당(唐)대 이습예(李襲譽)가 지은 《충효도(忠孝圖)》 20권, 송(宋)대 증공(曾鞏, 1019~1083년)이 지은 《충신록(忠臣錄)》, 원(元)나라 조경량(曹景良)이 지은 《충의집(忠義集)》 7권 등이 있다. 그밖에 정사(正史)인 《진서(晋書)》·《당서(唐書)》·《구당서(舊唐書)》·《송사(宋史)》·《금사(金史)》·《원사(元史)》·《명사(明史)》에는 열전(列傳) 가운데 충성을 다한 사람들의 전기를 모아놓은 충의전(忠義傳)이 모두 들어 있다.

2. 《충경》의 내용

《충경》은 대체로 《효경》 18장의 형식을 본떠 지은 것이어서 역시 18장으로 이루어져 있다. 그 내용을 분석하여 보면 대체로 다음과 같다.

첫째 : 제1장 천지신명(天地神明)은 〈충〉의 기본론(基本論)으로 《충경》의 서론(序論)에 해당한다.

둘째 : 제2장 성군(聖君) · 제3장 총신(冢臣) · 제4장 백공(百工) · 제5장 수재(守宰) · 제6장 조인(兆人)은 각각 임금 · 대신 · 관리 · 지방 수령 · 백성 등 여러 계층 사람들의 〈충〉을 논하고 있어 《충경》의 각론(各論)에 해당한다.

셋째 : 제7장 정리(政理) · 제8장 무비(武備) · 제9장 관풍(觀風)은 일반 정치와 관련이 있는 충론(忠論)이며, 제10장 보효행(保孝行)에서는 〈효〉와 〈충〉과의 관계를 논하고 있고, 제11장 광위국(廣爲國) · 제12장 광지리(廣至理) · 제13장 양성(揚聖)은 임금이 시정을 하는 데 있어서의 〈충〉을 논한 것으로 각각 관리의 등용, 공평무사(公平無私)한 몸가짐, 임금으로 합당한 덕을 닦을 것 등을 논하고 있으며, 제14장 변충(辨忠)에서는 인(仁) · 지(知) · 용(勇) 같은 일반 윤리와 〈충〉의 관계를 설명하고 있고, 제15장 충간(忠諫) · 제16장 증응(證應) · 제17장 보국(報國) 등은 신하로서 나라의 정사를 돕는 데 있어서의 〈충〉을 논한 것으로 각각 올바르게 간할 것, 〈충〉을 지키는 사람에게는 응분의 보답이 온다는 것, 언제나 나라를 위하려는 마음가짐을 가져야 한다는 것 등을 논하고 있다.

따라서 이상은 〈충〉에 대한 일반론(一般論)이라 할 수 있다.

넷째 : 제18장 진충(盡忠)은 임금으로부터 신하와 백성에 이르기까지 누구나 언제건 〈충〉을 다하여야 함을 역설한 결론(結論)에 해당하는 부분이다.

한편 지금 우리에게 전하는 《효경》도 그 구성이나 장명(章名)이 이상의 《충경》과 아주 흡사하다.

첫째 : 제1장 개종명의(開宗明義)는 《효경》의 서론에 해당하며, 장명이 넉자로 이루어진 것도 《충경》과 같다.

둘째 : 제2장 천자(天子) · 제3장 제후(諸侯) · 제4장 경대부(卿大夫) · 제5장 사(士) · 제6장 서인(庶人)이 천자로부터 서인에 이르는 여러 계층 사람들의 〈효〉를 논한 각론에 해당하는데, 《충경》의 경우도 그러하다.

셋째 : 제7장 삼재(三才)에서 제17장 사군(事君)에 이르는 부분이 《충경》과 같이 〈효〉의 일반론에 해당하는 부분인데, 《효경》의 제10장 기효행(紀孝行)은 《충경》의 〈보효행(保孝行)〉과, 제12장 광요도(廣要道)는 《충경》의 〈광위국(廣

爲國)〉과, 제13장 광지덕(廣至德)은 《충경》의 〈광지리(廣至理)〉와, 제14장 광양명(廣揚名)은 《충경》의 〈양성(揚聖)〉과, 제15장 간쟁(諫諍)은 《충경》의 〈충간(忠諫)〉과, 제16장 감응(感應)은 《충경》의 〈증응(證應)〉과, 제17장 사군(事君)은 《충경》의 보국(報國)과 짝을 이루며, 이들 각 장의 제명도 《충경》과 비슷한 것이 많다.

넷째 : 제18장 상친(喪親)은 부모가 돌아가신 뒤의 〈효〉, 곧 상제(喪祭)에 관한 기록인데, 《충경》의 결론 부분이라 한 끝머리 진충(盡忠)장과 호응하는 것이다.

이상 겉으로 드러나는 《충경》의 각 장의 제명과 구성만을 놓고 보더라도 그것은 《효경》을 아주 비슷하게 본떠서 쓴 책임에 틀림없음을 알 수 있을 것이다.

3. 《충경》의 가치

그러나 기윤(紀昀, 1724~1805년)의 《사고전서총목제요(四庫全書總目提要)》 권95 자부(子部) 유가류존목(儒家類存目) 속에 들어 있는 《충경》에 대한 해제를 보면,

다음과 같이 이 책에 대한 의심을 노골적으로 표시하고 있다.

"옛날 책에는 한대의 마융이 짓고 정현이 주를 단 것으로 되어 있으나, 그 글은 《효경》을 본떠 18장으로 이루어져 있는데 경(經)과 주(註)가 한 사람 손에서 나온 듯하다.

마융의 저술에 대하여 살펴보면 그것들은 모두가 《후한서(後漢書)》 그의 전기 속에 실려 있다. 정현이 주석(註釋)한 것은 《정지(鄭志)》의 목록에 더욱 상세히 기록되어 있다. 《효경》의 주가 정현의 이름을 빌어 후세 사람이 쓴 것임은 유지기(劉知幾)가 이미 열두 가지 증거를 들어 증명하였고, 그 글은 《당회요(唐會要)》에 전부가 실려있다. 그런데 《충경》의 주 같은 게 어디에 있었겠는가?

《수서(隋書)》와 《당서(唐書)》의 경적지(經籍志)에도 모두 수록(收錄)되어 있지 않고, 《숭문총목(崇文總目)》(宋 王堯臣 등이 奉勅하여 편찬, 일단 없어진 것을 淸代에 다시 輯釋한 것이 전함)에 비로소 이 책 이름이 열거되어 있으니, 이것이 송대에 만들어진 가짜 책임이 거의 의심할 바 없는 일이다. 《옥해(玉海)》에는 《송양조지(宋兩朝志)》를 인용하여 해붕(海鵬)의 《충경》을 기록하고 있다. 그러니 이 책은 본시 작자도 있고 위조한 것도 아니었는데, 후세 사람들이 마융과 정현을 거짓으로 끌어다대고 원작자의 이름은 없애 버리어 도리어 진짜 책을 가짜 책으로 만든 것이다."

곧 기윤(紀昀)의 생각에 의하면 이 《충경》은 한대의 저술이 아니라 송대의 저술이라는 것이다. 그가 확실한 증거를 제시하고 있다고까지 할 수는 없지만 거의 틀림없는 논단(論斷)이라고 할 수 있다. 그러나 《충경》과 함께 《사고전서총목제요》 자부(子部) 유가류존목(儒家類存目)에 수록된 《공자가어(孔子家語)》나 《공총자(孔叢子)》와 마찬가지로, 이것들이 설사 가짜로 만들어진 책이라 할지라도 전혀 무가치한 것이라고 내버릴 수는 없는 일이다.

왜냐하면 대부분의 가짜 책들이 그 책의 저술에 있어 그 책의 작자나, 그 작자의 시대의 자료나, 적어도 거기에 알맞는 자료들을 동원하여 그 책을 만들고 있기 때문이다.

설혹 《충경》이 한대의 마융에 의하여 저작되지 않고 송대에 이루어진 책이라 하더라도, 이 책의 내용이 한대에 들어와 새로이 강조되기 시작한 유가의 〈충〉이라는 윤리의 기본 성격을 해설하고 있고, 《효경》과 함께 한대 이후 유가의 대표적인 윤리사상의 바탕을 해설한 경전으로서 쌍벽을 이루고 있음에는 틀림없는 것이다.

곧《효경》의 작자로 옛날부터 공자를 내세우고 있지만 실제로는 훨씬 후세에 이루어진 것일 가능성이 많은 것과《충경》은 거의 비슷한 시대적·사상적 배경을 지닌 책인 것이다.

한(漢) 무제(武帝)가 유가사상을 정치이념의 바탕을 이루는 학문으로 정립한 이래, 2천여년의 중국 역사를 통하여 유가사상은 중국의 정치사상과 사회 윤리를 뒷받침하는 학문으로 군림해 왔다. 본시 공자의 이상은 주(周)나라 초기의 봉건정치를 부활시킴으로써 춘추시대의 혼란을 수습하려는 것이었음을 생각할 때, 공자의 유가사상이 이처럼 중국의 군주전제를 옹호하고 설명해 주는 학문으로 변하였다는 것은 그 유가사상 자체의 변혁을 뜻한다고 할 수가 있을 것이다.

그 중에서도 여기에 번역한《충경》과 관계가 깊은 변혁은 그 윤리사상이라 할 것이다. 윤리사상에 있어서도 가장 두드러진 변혁의 하나는 인(仁)·의(義)·예(禮)·지(智) 등 여러 가지 유가의 덕 종류 중에서 특히 〈충〉과 〈효〉가 무엇보다도 강조되기 시작하였다는 것이다.

공자의 〈충〉에 대한 개념은 뒤의 부록 '사서(四書)에 보이는 충론(忠論)'을 통해서 알 수 있는 바와 같이 본시 '충실(忠實)', '성실(誠實)', '충정(忠正)' 등의 뜻을 지닌 것이었다. 간혹 공자도 나라나 임금에 대한 '충성'을 얘기하고 있기도 하지마는, 그것도 개인의 의무와 책임을 다하려는 '성실한 마음가짐'을 근거로 한 것이다.

《충경》의 제1장 천지신명(天地神明)에서 〈충〉을 '중정(中正)한 것', '마음을 하나로 하는 것', '마음을 다하는 것' 등으로 풀이하면서, 그것이 하늘의 뜻과 자연의 섭리에서 법도를 취한 것이라고 기본적인 뜻을 설명하고 있는 것도 그 때문이다. 《예기(禮記)》 예기(禮器)편에서도 〈충〉에 〈신〉을 붙여, "충신은 예의 근본이다.(忠信은, 禮之本也니라)" "충신된 사람이어야 예를 배울 수가 있다.(忠信之人이어야, 可以學禮니라)"고 말하고 있다. 〈충〉은 〈신〉과 함께 바로 예의 근본이 된다고 생각했던 것이다.

그러나 한대에 와서는 그러한 일차적인 뜻보다도 전제군주를 중심으로 하는 새로운 정치상황을 옹호하기 위하여 신하나 백성으로서 임금이나 나라를 위한 절대적인 충성이라는 〈충〉의 이차적인 개념이 더욱 강조되게 되었던 것이다.

〈효〉의 경우도 공자는 부모와 자식 사이의 자연스런 관계를 바탕으로 한 〈효〉를 강조하였다. 그러나 한대 이후로는 부모에 대한 자식으로서의 무조건의 의무로서의 〈효〉라는 개념이 강조되기 시작하였다. 곧 〈효〉도 그 기본적인 뜻보다도 그 이차적인 뜻이 중시되었던 것이다. 이것은 〈충〉의 강조를 근거로 한 '삼강오륜(三綱五倫)'이라는 새로운 유가 윤리의 확립을 통해서 생겨난 일련의 경향이었던 것이다.

한편 중국의 유가 경전들은 말할 것도 없고 선진(先秦) 제자서(諸子書)들까지도 거의 모두가 후세에 전해진 판본들은 한대에 확정된 것들이다. 실상 한대 이전에 확정되었다고 생각되는 판본은 한 가지도 전해지는 게 없는 실정이다. 이것은 한대 이전에 쓰여졌다고 알려진 유가 경전이라 하더라도 그 편찬이나 정리 또는 해석을 통해서 후세에는 한대 학자들의 영향이 눈에 띠지 않지만 크게 작용하고 있음을 뜻한다.

말을 바꾸면 지금 우리의 선진 유가사상의 이해에도 이미 한대 학자들의 영향이 크게 작용하고 있음을 뜻하는 것이다. 그러기에 한대 학자들의 저술은 중국·학술사상 유가의 경전들에 버금가는 중요한 지위를 차지한다 할 것이다. 특히 〈충〉이라는 유가의 덕의 한 종류가 한대로부터는 인의(仁義) 못지않게, 실제로는 그것보다도 더 강조된 윤리라면 마융의 이름 아래 전하는 《충경》은 충분히 연구할 만한 대상이 되는 것이다.

앞에서 이 《충경》은 송대에 이루어진 것일 가능성이 많음을 논하였다. 송대는 북송(北宋) 때 대두되기 시작한 도학(道學)을 남송(南宋)의 주희(朱熹, 1130~1200

년)가 집대성(集大成)하여 이른바 신유학(新儒學) 또는 성리학(性理學)을 이룬 시대이다. 이 주자학(朱子學)에 있어서는 '성즉리(性卽理)'의 개념을 바탕으로 하는 윤리학(倫理學) 또는 인간학(人間學)이 그 중심에 놓여 있다.

정호(程顥, 1032~1085년)가 만물일체지인(萬物一體之仁)을 주장하며 의(義)·예(禮)·지(智)·신(信)도 모두 인(仁)이라고 하면서 이 오상(五常)의 덕을 강조한 이래 이를 성(性)이라 하면서 절대적인 가치를 부여하게 되었다. 이에 오륜(五倫)은 성이며 천리(天理)라 여기게 되었고, 특히 효와 충은 윤리의 기본으로 강조되게 되었다. 한대보다도 송대에 와서 《충경》의 필요성은 더욱 절실하게 되었고, 그 시대적인 의의도 더욱 중요하게 되었던 것이다. 어떻든 이러한 송대의 윤리학은 한대에 시작된 유학의 변화로부터 이해하여야만 한다.

이 책이 혹 마융이 아닌 후세 송대 사람의 손에 의하여 이룩된 것이라 하더라도 한대 이후 유가의 〈충〉의 개념이 경전 형식으로 가장 체계적으로 잘 정리된 책이 이 《충경》임을 부인할 길은 없는 것이다.

우리는 이 책을 통하여 한대 이후 2천여년의 역사를 통하여 중국 윤리의 바탕이 되어 온 〈충〉의 사상을 더욱 구체적으로 이해할 수 있게 될 것이다.

《충경》 작자 서문

《충경》이란 《효경(孝經)》을 바탕으로 나온 것이다. 공자께서 논하시기를 "〈효(孝)〉는 임금을 섬기는 뜻의 근거가 되고 있으니, 〈효〉라는 것은 〈충〉이 있어야만 이루어지고, 또 임금과 부모의 은혜에 보답하고, 신하와 자식으로서의 분수를 밝히는 근거가 됨을 알게 된다."고 하셨다. 〈충〉이란 나라에 있어서 버릴 수가 없는 것이고, 〈효〉란 집안에 있어서 게을리할 수가 없는 것이다. 그런데 〈효〉에 대하여는 이미 경(經)이 있지마는 〈충〉에 있어서는 아직 경이 없다. 그러므로 공자의 이론을 이어받아 《충경》을 저술하는 바이다.

충경자　개출어효경야　중니설　효
忠經者는, 蓋出於孝經也니라. 仲尼說하시되 : 孝
자　소이사군지의　즉지효자사충이성지　소
者는, 所以事君之義니, 則知孝者俟忠而成之요, 所
이답군친지은　명신자지분　충불
以荅君親之恩이니, 明臣子之分이라 하시니라. 忠不

가폐어국 효불가이어가 효기유경
可廢於國이오, **孝不可弛於家**니라. **孝旣有經**이나,
충즉유궐 고 술중니지설 작충경언
忠則猶闕이라. **故**로 **述仲尼之說**하여, **作忠經焉**이니라.

지금 황상(皇上)께옵서는 복희(伏羲)·황제(黃帝)와 같은 자세를 지니시고, 요(堯)·순(舜)과 같은 덕을 닦으시어, 현명한 사람들로 하여금 보필케 하고 능력있는 사람들로 하여금 일하게 하시며, 먼 곳의 사람들이라 하더라도 빠짐없이 등용하고 계시니, 〈충〉과 〈효〉는 온 천하가 모두 떠받들고 있다.

금황상함포헌지자 온훈화지덕 필현
今皇上含庖軒之姿하시고, **韞勛華之德**하사, **弼賢**
비능 무원불거 충지여효천하유동
俾能하고, **無遠不擧**하시니, **忠之與孝天下攸同**이니라.

신(臣) 마융(馬融)은 초야(草野)에 있는 신하로서 성품도 어리석고 졸박(拙朴)하나 은덕과 혜택 속에 살고 있거늘 어찌 가만히 있을 수가 있겠는가? 이《충경》을 지어 얼마간이라도 유익한 보탬이 되기를 바라는 바이다. 비록 그렇다 하더라도 문장과 논리가 시원찮고 유치하여 경(經)으로서는 어울리지 못할는지 모르겠다.

〈충〉의 존재 의의는 선(善)에 힘쓰도록 권하는 데 있는데, 선을 권면하는 데 있어서 위대한 것으로서 〈충〉과 〈효〉보다 더한 것이 어디 있겠는가?

신융　　암야지신　　성즉우박　　목욕덕택
臣融은, 巖野之臣으로, 性則愚朴하나, 沐浴德澤
　　기가묵호　　작위차경　　서소비보
이어늘, 其可默乎아? 作爲此經하여, 庶少裨補니라.
수즉사리박루　　부족이칭언　　충지소존
雖則辭理薄陋하여, 不足以稱焉이라. 忠之所存은,
존어권선　　권선지대　　하이가어충효자재
存於勸善이요, 勸善之大에, 何以加於忠孝者哉아?

〈충〉의 높고 낮은 효용을 정함으로써 각 장(章)의 제목을 삼았고, 《시경(詩經)》과 《서경(書經)》을 인용함으로써 그 강령(綱領)을 밝히었다. 나는 옛날 기록을 스승으로 삼고 썼으니, 어찌 감히 근거 없는 말을 하였겠는가? 간혹 같지 않은 것이 있는 것은 시대변화에 맞추기 위한 것이었다. 혹은 옛것에 대비시켜 그 뜻을 표현하고, 혹은 옛것의 표현을 바꾸어 그와 비슷한 부류의 일을 쓰기도 했으며, 혹은 옛글을 줄이어 그 문장을 간단하게 줄이기도 하였고, 혹은 옛글에 말을 더 보태어 어떤 일은 더 자세히 설명하였고, 〈충〉을 〈효〉와 대응(對應)이 되도록 하여 또한 18장의 저술을 이루었다.

부정고비이장목 인시서이명강 오사
夫定高卑以章目하고, 引詩書以明綱이니라. 吾師
어고 갈감도연 기혹이동자 변역지의야
於古어늘, 曷敢徒然고? 其或異同者는, 變易之宜也
혹대지이상기의 혹천지이취기류
니라. 或對之以象其意하고, 或遷之以就其類하고,
혹손지이간기문 혹익지이비기사 이충
或損之以簡其文하고, 或益之以備其事하고, 以忠
응효 역저위십유팔장
應孝하여, 亦著爲十有八章하니라.

그 지극히 공정함을 크게 드러내고, 그 지극히 정성스러움을 다하도록 힘쓰는 근거가 되게 하기 위하여, 진실로 정치를 하는 대체(大體)의 근본을 논술하고 임금을 섬기는 요도(要道)를 논함에 있어, 덕을 닦는 데서 시작하여 공(功)을 이룩하는 데서 끝맺었으니, 이것이 《충경》의 뜻인 것이다.

소이홍기지공 면기지성 신본위정지
所以洪其至公하고, 勉其至誠으로, 信本爲政之
대체 진사군지요도 시어립덕 종어성
大體하고, 陳事君之要道에, 始於立德하여, 終於成

공　　차충경지의야
功하니, 此忠經之義也니라.

후한 남군 태수
마융 삼가 씀.

근서 후한 남군태수 마융 선
謹序 後漢 南郡太守 馬融 譔

《충경》 간행 서문

《충경》이란 한나라의 남군(南郡) 태수(太守)를 지낸 마계장(馬季長 : 이름은 融) 선생의 저술이다. 선생께서는 재능이 특출하고 학문이 깊어서 그 시대의 가장 존경받던 선비였다.

충경자 한남군태수계장마선생지작야
忠經者는, **漢南郡太守季長馬先生之作也**니라.
선생재고학박 위세통유
先生才高學博하여, **爲世通儒**시니라.

사람이 이 세상에 나서 하늘과 땅 사이에 끼어 함께 삼재(三才)라 불리우게 된 것은 그들에게 〈충〉과 〈효〉가 있기 때문이다. 〈효〉에 대하여는 공자와 증삼(曾參 : 공자의 제자)이 묻고 대답한 것이 한 경(經) 속에 18장으로 나뉘어 실려있어, 그 뜻이 다 갖추어져 있다고 하겠다. 〈충〉에 대하여는 비록 경전(經傳)과 옛 책들에 많은 기록이 섞여 있기는 하지만 완전한 전문서

가 없었다.

개이인생양간 참천지 이위삼재자
蓋以人生兩間하여, 參天地하여, 而爲三才者는,
이기충여효야 효지일자 재공자여증삼자
以其忠與孝也니라. 孝之一字는, 在孔子與曾參子
여설우문답 상재일경 분위십유팔장
與設于問答이, 詳載一經하여, 分爲十有八章하니,
의비의 충즉수잡견우경전자사지편
義備矣니라. 忠則雖雜見于經傳子史之編이로되,
제무전서
第無全書니라.

그러나 마계장(馬季長) 선생이 한대의 평화로운 세상에 나서서, 멀리 공자의 학문을 조종(祖宗)으로 받들고 《효경》을 본떠서 《충경》을 지으셨다. 내용이 자세하고 이론이 다 갖추어진 18장으로 이루어진 것인데, 문인인 정현이 다시 거기에 주해(註解)를 달았다. 이 책이 얼마나 세상을 바로잡고 교화(敎化)를 이룩하며, 후생들에게 아름다운 혜택을 주는 데 공헌했는지 모를 일이다.

계장선생 생우한안지세 원종공씨지학
季長先生이 生于漢安之世하사, 遠宗孔氏之學하

방의효경이작충경　사상의비　위일십
고, 倣擬孝經而作忠經이라. 辭詳議備하고, 爲一十
팔장　이문인정현부위주해　기부세립교
八章이러니, 而門人鄭玄復爲註解니라. 其扶世立敎
가혜후진　하여
와, 嘉惠後進이 何如오?

아깝게도 책이 지어진 뒤 시대가 멀어지면서 그 책도 사라져 갔다. 젊은이들은 책을 읽고 공부함에 있어 〈효〉를 행하는 바탕이 되는《효경》에 대하여만 알았지 〈충〉을 행하는 바탕이 되는《충경》에 대하여는 알지를 못하게 되었으니, 옛 현명한 사람들의 경(經)을 지은 뜻에 매우 어두워졌던 것이다.

석호술작지후　세원언인　자제습독
惜乎述作之後에, 世遠言湮하니라. 子弟習讀에,
단지효경지소이위효　이부지충경지소이위
但知孝經之所以爲孝하고, 而不知忠經之所以爲
충　심유매호전현작경지지
忠하니, 深有昧乎前賢作經之旨니라.

내가 어렸을 때 선친께서는 이 경서를 내주시면서 이렇게 말씀하셨다.

"〈효〉란 〈충〉의 근원이고, 〈충〉이란 〈효〉의 추진자이다. 이 두 경서는 마땅히 병행시켜 공부해야지 한 편에만 치우쳐도 안되는 것이다."

그래서 나는 이미 여러 해를 두고 삼가 읽고 공부하였다.

양자조세　　선군자원시경왈　효자충지원
陽自早歲에, 先君子援是經曰 ; 孝者忠之原이
충자효지추　　이경의병행　　이불가편야
오, 忠者孝之推니라. 二經宜竝行이니, 而不可偏也
양근습독　개역유년
니라. 陽謹習讀이, 蓋亦有年이니라.

지금 나는 소주(蘇州)의 향학(鄕學)에 봉직하고 있는데, 조정 대신의 추천으로 임금님의 명을 받들어 이 고장에 와서 다스리고 있는 춘관(春官) 황후(況侯)를 뵐 기회를 갖게 되었다. 그분은 벼슬자리에서 직책을 수행함에 있어 언제나 나라를 위하고 백성을 위하는 정치를 하시며 늘 〈충〉과 〈효〉를 앞세우셨다. 그분이 지은 시 가운데 이런 구절이 있다.

나라에 보답하려는 한마음 언제나 다할 것이며,
어버이 그리는 두 줄기 눈물 언제면 마를 것인가?

끊임없이 자기의 정성을 다하는 품이 이들 경전의

내용과 꼭 들어맞는다.

금기측직소상 우춘관황후 위주석대
今旣厠職蘇庠이러니, 遇春官況侯이, 爲柱石大
신지천 옥칙금장래수시방 범기거관수
臣之薦으로, 玉敕金章來守是邦이라. 凡其居官守
직 위국위민지정 막비충효선지위 이
職에, 爲國爲民之政이, 莫非忠孝先之爲시러라. 而
위시왈
爲詩曰 ;

보국일심하일진 사친쌍루하시건
報國一心何日盡하고, 思親雙淚何時乾고?

권권진이지성 여차경약합부연
惓惓盡已之誠이, 與此經若合符然이라.

이에 《충경》 한 권을 잘 베끼어 보시도록 갖다 바쳤다. 황후께서는 매우 기뻐하시면서 공(功)을 이룩하고 교화(敎化)를 완성케 하는 책이니 다시 간행하여 후세의 공부하는 사람들에게 널리 읽혀야 되겠다고 하시며, 곧 이의 교정(校正)을 명하시어 이 책 간행의 발단이 되었다.

유시선사일본 봉위람관 후흔연이위
由是繕寫一本하여, 奉爲覽觀하니라. 侯忻然以謂

유공명교지서 침자광시래학 잉명교
有功名教之書니, 鋟梓廣示來學이라하시고, 仍命校
정 이인기단
正하사, 以引其端하시니라.

아아, 옛 현명한 분들의 글이란 후세의 현명한 사람들의 옛것에 대한 숭상이 아니라면 전해질 수가 없고, 후세의 현명한 사람들의 학문이란 옛 현명한 분들이 끼치신 가르침이 아니라면 밝아질 수가 없는 것이 아닌가! 어찌하여 《충경》은 세상에서 없어지고 전해지는 게 드물어진 지 천여년이나 되어 그것을 읽는 이가 적어지게 되었는가?

오호 선현지서 비후현지호고 무이전
於戲라! 先賢之書는, 非後賢之好古면, 無以傳이
후현지학 비선현지수교 무이명 하
오, 後賢之學은, 非先賢之垂教면, 無以明이니라! 何
충경지인몰한전천유여재 이독자선야
忠經之湮沒罕傳千有餘載하여, 而讀者尠也오?

황후(況侯)께서는 이 경(經)은 사람들이 자신을 규율하는 근본이 되는 것이니, 이로써 후세의 공부하는 사람들을 널리 깨우쳐 줌으로써 〈충〉을 다하는 데 도움이 되게 하고자 하셨다. 이로써도 우리 조정에서는 충성을 다하는 기풍을 길러 주려는 노력이 지난 시대보다도 훨씬 더함을 알 수가 있을 것이다.

황후이시경위률신지본 이욕개광래학
況侯以是經爲律身之本이니, 而欲開廣來學하여,
이위갈충지조 사족이견성조작양충신
以爲竭忠之助시니라. 斯足以見聖朝作養忠藎이,
초월왕야원의
超越往也遠矣니라.

세상의 학자들이《효경》을 공부하고 나서는 다시《충경》의 뜻을 익히어 널리 확충시켜 나감으로써, 위로는 올바로 하늘을 섬기고 임금을 받들게 되고, 아래로는 자기 어버이를 영광되게 하며 자신의 행실을 보전하여, 모두 자신의 마음을 다함으로써 언제나 지극히 훌륭한 경지에 처신하게 되기를 바란다. 그러면 이 경서도 세상에의 유익한 보탬이 되는 것이 어찌 작다고 할 수 있겠는가?

세지학자 종사효경지여 침잠충경지지
世之學者이, 從事孝經之餘에, 沉潛忠經之旨하
이확충지 상언이사천사군 하언이현
여, 而擴充之하니, 上焉而事天事君하고, 下焉而顯
친보행 사진이지심 막부지호지선지지
親保行하여, 使盡己之心하여, 莫不止乎至善之地니

시 경 어 세 기 소 보 운
라. 是經於世豈小補云이리오?

선덕 갑인(1434) 겨울 시월 초하루
회계의 한양이 씀.

선덕갑인동 시월초길 회계 한양 서
宣德甲寅冬 十月初吉 會稽 韓陽 序

제 1 장

천지신명(天地神明)—〈충〉의 기본원리

옛날 지극한 이치가 실현되었을 적에는 위아래가 한 덕(德)이 됨으로써 하늘의 훌륭하신 뜻을 밝히었는데, 이것이 〈충〉의 도인 것이다.

하늘이 위를 덮고 있고, 땅이 만물을 싣고 있는 가운데 사람들이 살아나가는 데에 있어서 〈충〉보다 위대한 것은 없는 것이다.

〈충〉이란 것은 중정(中正)의 뜻이니, 지극히 공평하고 사사로움이 없는 것이다.

하늘은 사사로움없이 사철을 돌아가게 하고 있고, 땅은 사사로움없이 만물을 생존케 하고 있으니, 사람도 사사로움이 없으면 크게 형통(亨通)하고 바르게 되는 것이다.

〈충〉이란 것은 또 그 마음을 하나로 하는 것을 말한다.

나라를 다스리는 근본을 볼 때 그 무엇이 〈충〉으로 말미암지 않는 게 있는가?

〈충〉은 임금과 신하 사이를 굳건히 해주고, 나라를 평안히 해준다. 하늘과 땅을 감응(感應)케 하고, 신명(神明)도 감동시키는 것이니, 하물며 사람에게 있어서야 어떠하겠는가?

〈충〉이라는 것은 자신에게서 생겨나 집안을 통해서 정착되고 나라를 통해서 성취되는 것인데, 그 행실은 모두가 한결같아야 하는 것이다.

그러므로 그 자신의 행실이 한결같은 것은 〈충〉의 시작이며, 그 집안의 행실이 한결같은 것은 〈충〉의 중간 단계이며, 그 나라의 행실이 한결같은 것은 〈충〉의 최종 단계이다.

자신이 행실을 한결같이 하면 온갖 복록(福祿)을 받게 되고, 집안이 행실을 한결같이 하면 온 친족이 화목하게 되며, 나라가 행실을 한결같이 하면 모든 사람들이 잘 다스려지게 된다.

《서경(書經)》에 말하고 있다.

"오직 마음을 정성되고 하나가 되게 함으로써, 진실로 그 중정(中正)함을 지켜야만 한다."

석재지리 상하 일덕 이징 천휴
원문 昔在至理에, 上下①一德②하여, 以徵③天休④
충지도야
하니, 忠之道也니라.

천지소복 지지소재 인지소리 막대
天之所覆과, 地之所載⑤와, 人之所履⑥에, 莫大
호충
乎忠이니라.

충자 중야 지공무사
忠者는, 中也요, 至公無私니라.

천무사 사시행야 지무사 만물생
天無私하니, 四時行也요, 地無私하니, 萬物生이
인무사 대형정
오, 人無私면, 大亨貞⑦하니라.

충야자 일기심지위의
忠也者는, 一其心之謂矣이니라.

위국지본 하막유충
爲國之本이, 何莫由忠가?

충능고군신 안사직 감천지 동
忠能固君臣하고, 安社稷⑧하니라. 感天地하고, 動
신명 이황어인호
神明이어늘, 而況於人乎아?

부충흥어신 착어가 성어국 기행
夫忠興於身하여, 著於家하고, 成於國이나, 其行

일 언
一焉이니라.

시고 일어기신 충지시야 일어기가
是故로 一於其身은, 忠之始也요, 一於其家는,

충지중야 일어기국 충지종야
忠之中也요, 一於其國은, 忠之終也니라.

신일즉백록지 가일즉육친 화 국일
身一則百祿至하고, 家一則六親[9]和하며, 國一

즉만인리
則萬人理하니라.

서운 유정유일 윤 집궐 중
書云[10] ; 惟精惟一하여, 允[11]執厥[12]中하라 하니라.

주

① 上下(상하)－위 아래, 다스리는 사람과 다스림을 받는 사람들.

② 一德(일덕)－한마음 같은 행위를 가리킴. 곧 온 국민이 총화(總和)를 이룬 상태를 뜻한다.

③ 徵(징)－증명하다. 밝히다.

④ 休(휴)－아름다움. 훌륭함. 천휴(天休)는 하나님의 뜻이나 같은 말임.

⑤ 載(재)－싣다. 땅은 그 위에 만물을 싣고 있는 상태이다.

⑥ 履(이)－행하다. 밟다. 사람들이 움직이며 살아가고 있는 것을 가리킴.

⑦ 亨貞(형정)－《역경(易經)》의 첫머리 "원형리정(元

亨利貞)"에서 따온 말. 모든 일이 뜻대로 형통(亨通)하고 올바르게 되는 것.

⑧ 社稷(사직)-사(社)는 토지신(土地神), 직(稷)은 곡식신(穀食神)인데, 옛날 임금은 반드시 그 제단을 마련해 놓고 제사를 지내었다. 그래서 후세에는 사직이란 말이 나라를 상징하는 말로 쓰이게 되었다.

⑨ 六親(육친)-부모·형제·처자(《한서(漢書)》 注), 부자·형제·부부(《한서》 補注), 아버지 형제·어머니 형제·자기 형제·아버지 여형제·처족·동서들(《좌전(左傳)》 昭公 25년). 곧 모든 친족·친척들을 가리킨다고 보면 좋을 것이다.

⑩ 書云(서운)-《서경(書經)》 대우모(大禹謨)에 보이는 말, "사람의 마음이란 위태롭기만 하고, 도를 지키려는 마음은 극히 희미한 것이니, 오직 정성되고 하나가 되게 함으로써 진실로 그 중정(中正)함을 지켜야만 한다(人心惟危하고, 道心惟微하니, 惟精惟一하여 允執厥中하라.)"고 한 말에서 따온 것임.

⑪ 允(윤)-진실로. 정말로.

⑫ 厥(궐)-그. 기(其)와 통함.

해의 《충경》의 첫 장에서는 먼저 〈충〉의 뜻을 설명하고 있다. 사람들이 살고 있는 이 세상에서 가장 위대한 원리가 〈충〉이며, 하늘의 뜻을 따라 이 세상의 평화를 이룩하는 것이 〈충〉의 도(道)라고 전제하고 있다. 정현(鄭玄)은 여기의 첫 구절에 "충의 도라는 것은 바로 하늘에 합치되는 것이다.(忠之爲道이, 乃合於天이라.)"고 주석을 붙이고 있다. 유가에서 내세우는 덕의 종류 중에는 〈충〉 이외에도 인(仁)·의(義)·예(禮)·지(智)·신(信)·효(孝) 등이 있지만, 특히 여기에서는 사람과 사회, 또는 사람과 국가의 관계면에서 이를 강조하고 있는 것이다.

후한(後漢) 허신(許愼)의 《설문해자(說文解字)》에서는 "〈충〉이란 공경함을 뜻한다. 마음을 다하는 것을 〈충〉이라 한다. 심(心)에서 뜻을 취하였고 중(中)에서 음을 취하였다.(忠은, 敬也니라. 盡心曰忠이라. 從心中聲이라.)"고 설명하고 있다. 그러나 '중'은 소리만을 나타내고 있는 것이 아니라 역시 뜻도 나타내고 있는 것이다.

그러기에 《충경》에서는 먼저 "〈충〉이란 중(中)의 뜻"이라 해설하고 있는 것이다. 여기의 '중'이란 가장 알맞고 가장 올바른 '중정(中正)'의 뜻을 지니고 있다.

그리고 또 '중정하다'는 것은 '공평무사(公平無私)'를 말하는데, 그것은 하늘의 뜻과 자연의 기본 섭리에서 법도를 취한 것이라는 것이다. 그 때문에 사람이 〈충〉이란 덕목을 실현할 때 그에게는 '사사로움'이 없으므로 마음과 행동이 하늘의 뜻에 합치되어 모든 일이 잘 형통되고 올바르게 된다는 것이다.

또 "〈충〉이란 것은 그 마음을 하나로 하는 것을 말한다"고 한 것은 "마음을 다하는 것을 〈충〉이라 한다"고 한 《설문해자》의 해설과도 통한다. 그래서 《서경》에서는 사람들의 마음에 대하여 "오직 정성되고 하나가 되게 한다[惟精惟一]"고 말한 것이다. '마음을 다한다'는 것은 올바른 일에 대하여 '정성을 다한다'는 뜻이다.

그리고 '정성을 다하는' 마음이란 '하나가 되는' 수밖에 없을 것이다. 개인적인 입장에서 볼 때 '마음을 하나로 한다'는 것은 하는 일에 한결같이 정성을 다하는 것을 뜻하지만, 집안이나 사회 같은 사람들의 집단에 있어서는 곧 그것은 '총화단결(總和團結)'을 뜻하는 것이 된다.

모든 사람이 올바른 길을 찾아 모두의 행복을 위하여 마음을 합치고 힘을 다한다는 것이다. 그 때문에 〈충〉은 개인을 큰 인물이 되게 하는 근본이 되는 한편, 집안을 화목하게 하고 나라를 편안케 하는 원리가 되기도 하는 것이다.

〈충〉이란 사람에게뿐만 아니라 하늘과 땅이나 신명에게까지도 통하는 위대한 덕성이다. 그런 뜻에서 〈충〉의 원리를 해설한 이 첫장의 제목을 〈천지신명〉이라 했을 것이다.

제 2 장

성군(聖君) —임금으로서의 〈충〉

임금이란 성덕(聖德)을 가지고서 온 나라의 본보기가 되어야만 한다.

그리고 아래 백성들로부터 위 임금에 이르기까지 각기 높이는 대상이 있는 것이다. 그러므로 왕자(王者)는 위로는 하늘을 섬기고, 아래로는 땅을 섬기며, 가운데로는 종묘(宗廟)를 섬김으로써 백성들을 대하여야만 한다.

그러면 백성들은 그에게 교화(敎化)되어, 온 천하가 〈충〉을 다하여 윗사람을 떠받들게 되는 것이다.

그렇게 조심스럽게 경계하고 삼가면 그의 총명함이 날로 더하여져, 현명한 사람을 등용하고 능력있는 사람에게 벼슬자리를 주어 위대한 교화를 펴 나가게 되며,

그 혜택은 오래도록 작용하여 백성들 모두가 그를 따르게 되는 것이다.

그러므로 왕도(王道)가 크게 온 세상에 행하여지고 후대에까지도 드날리게 되어, 나라를 보존하고 조상들을 영광스럽게 만들게 되는 것이다. 이것이 성군(聖君)으로서의 〈충〉인 것이다.

《시경(詩經)》에도 읊고 있다.

"밝게 하나님을 섬기어 이에 많은 복을 누리네."

유군이성덕 감어만방

원문 惟君以聖德으로, 監①於萬邦이니라.

자하지상 각유존야 고 왕자상사어천

自下至上으로, 各有尊也니, 故로 王者上事於天

하사어지 중사어종묘 이림어인

하고, 下事於地하며, 中事於宗廟하여, 以臨於人②이니라.

즉인화지 천하진충이봉상야

則人化之하고, 天下盡忠以奉上也니라.

시이긍긍 계신 일증기명 녹현관

是以兢兢③戒愼하여, 日增其明하니, 祿賢官

능 식부대화 혜택장구 여민 함

能하여, 式敷④大化하니, 惠澤長久하고, 黎民⑤咸

회
懷⑥하니라.

고　　득황유 비비 행어사방　　양어후대
故로 得皇猷⑦丕丕⑧行於四方하고, 揚於後代

이보사직　　이광조고　　개성군지
하여, 以保社稷하고, 以光祖考하나니, 蓋聖君之

충야
忠也니라.

시 운 소사상제　　율 회다복
詩⑨云 ; 昭事上帝하여, 聿⑩懷多福이라 하니라.

주

① 監(감)－감독하다. 거느리다. 감(鑑)과 통하여, 거울이 되다. 모범이 되다.

② 臨於人(임어인)－사람들에게 임하다. 백성을 대하다. 백성을 다스리다.

③ 兢兢(긍긍)－매우 조심하는 모양.

④ 式敷(식부)－식(式)은 뜻 없는 발어사(發語辭). 부(敷)는 펴다. 시행하다.

⑤ 黎民(여민)－백성. 벼슬하지 않은 서민들.

⑥ 咸懷(함회)－모두가 따르는 것.

⑦ 皇猷(황유)－위대한 도(道). 또는 왕도(王道).

⑧ 丕丕(비비)－큰 모양. 위대한 모양.

⑨ 詩(시)－《시경(詩經)》 대아(大雅) 대명(大明) 시에 보이는 구절.

⑩ 聿(율)－어조사. 또는 마침내.

해의 〈충〉은 사람이라면 누구나 꼭 지켜야만 할 지극한 덕 중의 하나이다. 그러나 여기서는 먼저 훌륭한 통치자인 성군이 지키고 행하여야만 할 〈충〉이란 어떤 것인가를 해설하고 있다.

통치자로서는 성덕으로써 백성들을 다스리는 것이 〈충〉이다. 그리고 성덕이란 하늘과 땅의 뜻을 받들고 조상들의 유업을 계승하는 데서 이루어진다고 본 것이다. 통치자가 이처럼 하늘과 땅과 조상들을 잘 섬기면 백성들은 자연히 자기네 윗사람과 올바른 도리에 잘 따르게 된다. 이렇게 성실히 노력하며 나라를 잘 다스리면 백성들도 자연히 그를 따르게 되어, 나라는 영원히 발전하며 조상에게 영광을 돌릴 수 있게 된다. 이렇게 하는 것이 통치자의 〈충〉이다.

〈충〉은《시경》의 말을 인용하여 "밝게 하나님을 섬기는 데에서 시작한다"고 하였다.《시경》의 대명(大明) 시는 모시서(毛詩序)에서 주(周)나라 문왕(文王)의 덕을 기린 시라 하였다. 따라서 이 구절은 문왕의 〈충〉을 드러내기 위하여, 곧 나라를 다스리는 임금의 〈충〉의 본보기를 보이기 위하여 인용한 것이다. 〈충〉은 백성들보다도 다스리는 지위에 있는 사람들이 먼저 실천하지 않으면 안된다. 통치자가 〈충〉을 솔선수범할 때 비로소 백성들도 〈충〉을 실천하게 된다.

〈충〉이란 신하나 백성들이 무조건 임금이나 나라를 위하여 자기를 희생하는 것만을 뜻하지 않는다. 그보다도 윗자리에 있는 사람들이 아랫사람들을 올바로 거느리는 의무로써 〈충〉은 요구되고 있는 것이다.

제 3 장

총신(冢臣) —대신으로서의 〈충〉

신하로서 임금을 섬기는 것이 〈충〉의 근본이다.

근본이 선 뒤에야 교화(敎化)가 이루어진다.

대신이란 임금과는 일체가 되는 것이라 할 수 있다. 아래에서 실행하는 것을 위에서는 그대로 신임하기 때문이며, 그러므로 신하는 〈충〉을 이룩하게 되는 것이다.

〈충〉이라는 것이 어찌 다만 자신을 잊고 임금을 받드는 것과, 집안을 잊고 나라를 위해 희생하는 것과, 정색을 하고 곧은 말만 하는 것과, 어려움을 당하여 죽음으로써 절조를 지키는 것 같은 일뿐이겠는가?

〈충〉이란 조용히 숨어서 일을 꾀하고 남모르게 그것을 실행하여, 나라를 바로잡고 백성들을 편안히 해 주는 데 있는 것이다.

현명한 사람을 임명하여 다스리게 하면 올바르게 스스로 교화된다.

그의 임금을 높이어, 위대하기 하늘과 땅처럼 되게 하고, 밝기가 해와 달처럼 되게 하며, 조화를 이루기를 음양(陰陽)의 변화처럼 되게 하고, 신망이 있기를 사철의 운행처럼 되게 할 것이다.

그러면 성덕(聖德)이 세상에 흘러넘치고 그를 칭송하는 소리가 일어나게 될 것이다.

《서경》에 말하였다.

"임금님 밝으시니, 신하들도 훌륭하여, 모든 일 편안히 잘 되리로다."

위신사군 충지본야
원문 爲臣事君이, 忠之本也니라.

본립이후화성
本立而後化成하니라.

총신 어군 가위일체 하행이상신
冢臣①於君은, 可謂一體니라. 下行而上信②이니,

고 능성기충
故로 能成其忠이니라.

부충자 기유봉군망신 순국 망가 정
夫忠者이, 豈惟奉君忘身과, 殉國③忘家와, 正

색직사　임난사절이의
色直辭와, 臨難死節已矣리오?

재호침모잠운　정국안인
在乎沉謀潛運④하여, 正國安人이니라.

임현이위리　단위　이자화
任賢以爲理면, 端委⑤而自化니라.

존기군　유천지지대　일월지명　음
尊其君하여, 有天地之大하고, 日月之明하며, 陰

양지화　사시지신
陽之和하고, 四時之信하니라.

성덕양일　송성작언
聖德洋溢하여, 頌聲作焉이리로다.

서　운　원수　명재　고굉　양재　서사
書⑥云 ; 元首⑦明哉니, 股肱⑧良哉하여, 庶事

강　재
康⑨哉리이다 하니라.

주
① 冢臣(총신)－나라의 대신(大臣).
② 下行而上信(하행이상신)－정현의 주에 “신하는 팔다리처럼 아래에서 움직이고, 임금은 머리처럼 위에서 따라다님으로써, 한마음 한몸이 되어 있음을 뜻한다.”고 풀이하고 있다.
③ 殉國(순국)－나라를 위해 자신을 희생하는 것.
④ 沉謀潛運(침모잠운)－성실히 남의 눈에 띠지 않게 일을 꾀하고 남모르게 올바른 일을 하는 것.

⑤ 端委(단위)－예의(禮衣). 뜻이 바뀌어 예와 도리에 맞는 것.
⑥ 書(서)－《서경》 우서(虞書) 익직(益稷)편에 보이는 노래 가사.
⑦ 元首(원수)－우두머리. 임금.
⑧ 股肱(고굉)－다리와 팔. 신하에 비유한 말.
⑨ 康(강)－편안히 모든 일이 잘 되는 것.

해의 여기서는 대신으로서의 〈충〉이란 어떤 것인가를 설명하고 있다. 신하로서 임금을 섬기는 도리가 〈충〉인데, 그 방법은 임금과 신하가 한마음 한뜻이 되어야만 한다는 것이다. 첫 장에서 '충이란 것은 마음을 하나로 하는 것'이라 한 말이 생각난다. 임금과 총화를 이루도록 하는 것이 대신으로서의 〈충〉이라는 것이다.

한편 〈충〉은 성실한 것, 곧 〈성(誠)〉의 성질을 지닌 것이어서 겉으로 드러나는 것이 중요하지 않다. 남모르게 나라를 위하고 백성을 위하여 성실히 노력하는 자세가 중요하다. 따라서 나라를 위해 자기를 희생한다거나 나라나 백성을 위해 올바른 말을 많이 한다는 것은 〈충〉의 본질에서 볼 때 이차적인 것이 되고 만다.

처음부터 〈충〉의 원리를 하늘과 땅이나 자연의 섭리에 결부시키고 있는 점이 주목을 끈다. 첫 장 첫머리에서도 '하늘의 훌륭하신 뜻을 밝히는 것'이 〈충〉의 원리라 설명하고 있다.

그래서 이 장 첫 구절 정현의 주에 "비록 주공(周公)이나 공자(孔子) 같은 재능이 있다 하더라도 반드시 〈충〉으로써 근본을 삼아야만 한다.(雖有周孔之才라도, 必以忠爲本也니라.)"고 해설하고 있다.

제 4 장

백공(百工) —일반 관리로서의 〈충〉

나라에서 여러 관리들을 임용하고 있는데, 오직 재능만으로 자기 직위를 지키며 일반적인 일이나 삼가 한다는 것은 〈충〉의 도가 아닌 것이다.

그러므로 군자로서 윗사람을 섬김에 있어서는, 들어가서는 그의 의견과 계획을 아뢰고, 나가서는 그의 맡은 일을 행하며, 들어앉아서는 올바른 도리를 생각하고, 움직일 적에는 규칙이 있어야만 한다.

직책을 수행함에 있어서는 도리에 어긋나지 않아야 하고, 일에 대한 발언을 할 적에는 거리낌이 없어야만 하며, 진실로 국가의 이익이 되는 일이라면 그 자신도 돌보지 않고 하여야만 한다.

그래서 위아래가 함께 정치를 이룩함으로써 임금의

덕을 밝히게 되는 것인데, 이것이 여러 관리들의 〈충〉인 것이다.

《시경》에 읊고 있다.

"다스림에 당신들의 지위를 삼가고, 바르고 곧음을 좋아하라."

유국지건백공 유재수위근상 비충
원문 有國之建百工[1]에, 惟才守位謹常[2]은, 非忠
지도
之道니라.

고 군자지사상야 입즉헌기모 출즉행
故로 君子之事上也엔, 入則獻其謀하고, 出則行
기정 거즉사기도 동즉유의
其政하며, 居則思其道하고, 動則有儀[3]니라.

병직 불회 언사무탄 구리사직즉
秉職[4]不回[5]하고, 言事無憚[6]하며, 苟利社稷則
불고기신
不顧其身이니라.

상하용성 고 소군덕 개백공지충
上下用成[7]하여, 故로 昭君德이니, 蓋百工之忠
야
也니라.

시 운 정공 이위 호시정직
詩[8]云 ; 靖共[9]爾位하고, 好是正直하라 하니라.

주 ① 百工(백공)－백관(百官). 여러 관리들.
② 謹常(근상)－일반적인 일만을 삼가 수행하는 것.
③ 有儀(유의)－모든 일에 의칙(儀則)이 있는 것. 모든 일을 규범에 맞게 하는 것.
④ 秉職(병직)－직책을 수행하다.
⑤ 不回(불회)－그릇되지 않다. 도리에 어긋나지 않게 하다.
⑥ 無憚(무탄)－거리낌이 없다. 주저없이 바른 말을 하는 것.
⑦ 成(성)－훌륭한 정치를 이룩하는 것.
⑧ 詩(시)－《시경》 소아(小雅) 소명(小明)에 보이는 구절.
⑨ 竫共(정공)－정(竫)은 일을 다스리는 것, 공(共)은 공(恭)과 통하여 일을 삼가는 것.

해의 여기서는 일반 관리로서 지켜야만 할 〈충〉이란 어떤 것인가를 해설하고 있다. 무엇보다도 안일무사하게 주어진 일이나 맡겨진 일만을 잘 처리하는 것은 〈충〉이 되지 못한다는 것이다. 좀더 적극적으로 자기 지위에서 창조적인 뜻을 발휘하여 공익(公益)을 위해 일하며, 성실히 직책을 수행하면서 올바른 도리를 언제나 생각하고 남의 모범이 되는 행동을 하여야만 한다.

그리하여 직책 수행에 잘못이 없고 누구에게나 거

리낌없이 자기의 의견을 얘기하며, 자신을 돌보지 않고 나라를 위해 일할 수가 있어야만 한다. 관리들의 마음과 몸가짐이 이러해야만 위아래가 총화를 이루어 임금의 덕도 밝게 드러나게 된다. 이것이 일반 관리로서의 〈충〉이라는 것이다. 어떤 지위에 있거나 '삼가고' '바르고' 한 것이 〈충〉을 이룩하는 중요한 요건이 된다.

정현은 "백공지충야(百工之忠也)" 밑에 "임금이 관리를 임명하여 능력 있는 관리가 임금을 받들어 정치를 하면, 아래에는 정치가 이루어지고 위로는 덕이 임금에게로 돌아가게 된다.(君任工하여, 能工奉君政하면, 政成於下하고, 德歸於上이니라.)"는 주석을 달고 있다.

제 5 장

수재(守宰) — 지방 수령으로서의 〈충〉

벼슬자리에 있어서는 밝아야만 하고, 일에 임하여는 공평해야만 되고, 자신을 건사함에는 맑아야만 한다.

맑으면 곧 욕심이 없게 되고, 공평하면 곧 비뚤어지지 않게 되며, 밝으면 곧 풍속을 바로잡을 수 있게 된다. 이 세 가지가 갖추어진 연후에야 사람들을 다스릴 수가 있는 것이다.

군자(君子)로서 그의 〈충〉을 다하여 그 정령(政令)을 시행할 수 있으면서도 다스리지 못하는 경우가 있다는 말은 아직 들어본 일이 없다.

사람이란 누구나 편안히 지내기를 바라고 있는데, 군자는 그들의 바람을 따라 편안히 지내도록 해준다. 누구나 부하여지기를 바라고 있는데, 군자는 그들을 가르치어 부하게 하여 준다.

그리고는 인의(仁義)로써 그들을 돈독히 해줌으로써 그들의 마음을 굳건히 해주고, 예악(禮樂)으로써 그들을 인도해 줌으로써 그들의 기운을 화락(和樂)하게 해주고, 임금의 덕을 베풀어 줌으로써 그들의 교화(敎化)를 넓고 크게 해주고, 나라의 법을 밝힘으로써 형벌을 사용하는 일이 없는 경지에 이르도록 해야 한다.

임금의 백성들 보기를 자기 자식 대하듯 하면 곧 백성들도 그를 사랑하기를 그들의 어버이 사랑하듯 할 것이다.

이것이 곧 지방 수령(守令)들의 〈충〉인 것이다.

《시경》에 이렇게 읊고 있다.

"점잖으신 군자님은 백성들의 부모시네."

재관유명 이사유평 입신유청
원문 **在官惟明**하고, **蒞①事惟平**하며, **立身惟淸**이니라.

청즉무욕 평즉불곡 명능정속 삼자비의 연후가이리인
淸則無欲하고, **平則不曲**하며, **明能正俗**이니, **三者備矣**면, **然後可以理人**이니라.

군자 진기충 능이행기정령 이불리
君子②盡其忠하고, **能以行其政令**이로되, **而不理**

자 미지문야
者는, 未之聞也니라.

부인막불욕안 군자순이안지 막불욕
夫人莫不欲安이니, 君子順而安之하며, 莫不欲
부 군자교이부지
富이니, 君子敎而富之니라.

독지이인의 이고기심 도지이예악
篤之以仁義하여, 以固其心하고, 導之以禮樂하
이화기기 선군덕 이홍대기화 명
여, 以和其氣하며, 宣君德하여, 以弘大其化하고, 明
국법 이지어무형
國法하여, 以至於無刑이니라.

시군지인 여관호자 즉인애지 여애기
視君之人을, 如觀乎子면, 則人愛之를, 如愛其
친
親이니라.

개수재 지충야
蓋守宰[3]之忠也니라.

시 운 개제 군자 민지부모
詩[4]云 ; 豈弟[5]君子여, 民之父母라 하니라.

주 ① 蒞(이)－임하다. 대하다.
② 君子(군자)－본시는 다스리는 지위에 있는 사람. 여기서는 지방의 수령(守令)을 가리킴. 뒤에 다스

리는 사람은 덕이 있어야 한다는 방향으로 뜻이 발전하여 '덕 있는 사람'의 뜻으로 쓰이게 되었다.

③ 守宰(수재)－지방의 수령(守令), 지방 장관.

④ 詩(시)－《시경》 대아(大雅) 형작(泂酌) 시에 보이는 구절.

⑤ 豈弟(개제)－개제(愷悌)로도 쓰며, 점잖고 인자한 것.

해의 여기서는 직접 백성들을 다스리는 지방 수령으로서의 〈충〉이란 어떤 것인가를 해설하고 있다. 옛날 봉건주의 시대에는 나라 땅의 거의 전부를 여러 제후(諸侯)와 대부(大夫)들에게 나누어 주어 다스리게 했으므로 이들의 정치적 영향력은 매우 중요하였다.

우선 지방장관인 수령으로서의 요건으로, 자기 자리를 밝게[明] 지키고, 일을 공평하게[平] 처리할 것이며, 자신을 맑게[淸] 건사할 것을 요구하고 있다. 이 명(明)・평(平)・청(淸)의 세 가지 요건이 구비되어야만 수령으로서의 〈충〉을 이행할 수 있다는 것이다.

백성들은 누구나 편안히 부하게 잘살려는 욕구를 갖고 있다. 수령들은 무엇보다도 이 백성들의 욕구를 충족시켜 주어야만 한다. 그리고 나서는 인의(仁義)의 가르침으로 그들의 마음을 바로잡고 예의와 음악으로써 그들의 몸가짐과 성정(性情)을 바로잡아 주어야 한다. 그리고는 중앙의 임금의 덕을 밝히고 나라의 법을 잘 지키게 하며 백성들을 친자식처럼 사랑해야 한다. 정현은 이 대목에 "군자가 사람들을 사랑하면 백성들은 부리기 쉽게 된다.(君子愛人하면, 小人易使니라.)"고 주를 달고 있다. 이것이 지방수령으로서의 〈충〉이다. 곧 수령들이란 백성들로부터 친부모처럼 숭앙받는 존재가 되어야만 한다는 것이다.

제 6 장

조인(兆人) – 서민으로서의 〈충〉

하늘과 땅이 태평한 것은 임금의 덕을 상징하는 것이다.

임금의 덕이 밝으면, 곧 음양(陰陽)과 비바람도 따라서 조화되고 사람들은 그에 힘입어 살아가게 되는 것이다.

그러므로 임금의 법도를 공경히 받들고, 그 집안에 있어서는 효도와 우애를 행하며, 농사일에 부지런히 힘써서 나라의 부세(賦稅)를 대어야 한다.

이것이 만백성으로서의 〈충〉이다.

《서경》에 이렇게 말하고 있다.

"한 사람이 위대하고 훌륭하면, 온 세상이 올바르게 된다."

천지태녕 군지덕야
원문 天地泰寧①은, 君之德也니라.

군덕소명 즉음양풍우 이화 인뢰지
君德昭明이면, 則陰陽風雨②以和하고, 人賴之

이생야
而生也니라.

시고 지승 군지법도 행효제 어기가
是故로 祗承③君之法度하고, 行孝悌④於其家하

복근 가색 이공왕부
며, 服勤⑤稼穡⑥하여, 以供王賦⑦니라.

차조인 지충야
此兆人⑧之忠也니라.

서 운 일인원량 만방이정
書⑨云 ; 一人元良⑩이면, 萬邦以貞이라 하니라.

주
① 泰寧(태녕)－태평한 것. 영원히 변함없는 것.
② 陰陽風雨(음양풍우)－사철에 따른 날씨의 변화를 가리킴. 음양과 비바람.
③ 祗承(지승)－삼가 받들다. 공경히 받들다.
④ 孝悌(효제)－부모에 대한 효도와 형제 사이의 우애.
⑤ 服勤(복근)－일을 부지런히 하는 것.
⑥ 稼穡(가색)－씨뿌리고 거두는 것. 농사짓는 것.
⑦ 王賦(왕부)－왕이 부가한 세금. 나라의 세금.
⑧ 兆人(조인)－만인(萬人). 백성.
⑨ 書(서)－《서경》 상서(商書) 태갑(太甲) 하편에 보

이는 말.

⑩ 元良(원량)－위대하고 훌륭한 것. 바르고 착한 것.

해의 이 장에서는 일반 백성으로서의 〈충〉이란 어떤 것인가를 설명하고 있다. 지금의 입장에서 보면 백성들에게 〈충〉을 너무 일방적으로 강요하고 있는 듯한 느낌이 든다. 그러나 중국의 옛날 봉건시대에 있어서의 엄격했던 사회적인 계급을 감안하지 않으면 안될 것이다. 특히 첫머리에서 “하늘과 땅이 태평한 것은 임금의 덕을 상징하는 것이다.”고 하는 생각은 그런 감안 없이는 이해하기 힘들 것이다.

주(周)나라 시대는 물론 한(漢)나라 시대까지도 노예제사회(奴隷制社會)였다고 주장하는 학자들이 있는데, 여기의 ‘조인(兆人)’ 속에는 노예들은 물론 자유민이라 하더라도 벼슬은 할 수가 없는 사(士) 이하의 신분에 속하는 사람들을 뜻하는 것이다.

곧 봉건시대에 있어서의 ‘조인’은 절대적으로 다스림을 받아야 할 입장의 사람들인 것이다. 그들의 나라나 사회에 대한 〈충〉의 개념이 이처럼 일방적인 느낌을 갖게 하는 것은 그 때문이다. 여기에서 번역을 ‘백성’이라 하였는데, 이 백성의 개념은 현대의 용어와는 전혀 다른 것이다.

제 7 장

정리(政理) – 〈충〉에 의한 정치

덕으로 백성을 교화시키는 것이 가장 상급(上級)의 다스림이니, 그러면 사람들이 자기도 알지 못하는 사이에 날로 선(善)하게 되어 갈 것이다.

정책을 백성들에게 베푸는 것은 중급(中級)의 다스림이니, 그러면 사람들이 선을 행하지 않을 수가 없게 될 것이다.

형벌로써 백성들을 응징하는 것은 하급(下級)의 다스림이니, 그러면 사람들이 두려워서 감히 그릇된 짓을 못하게 될 것이다.

형벌이란 간략하면서도 알맞아야만 하는 것이고, 정책이란 간단하면서도 능률적이어야 하는 것이고, 덕이란 광대하면서도 오래 가야 하는 것이다.

덕이란 다스림의 근본이 되는 것이다.

정책을 맡은 사람이 덕이 없다면 각박해지고, 형벌을 맡은 사람이 덕이 없다면 잔인해지는 것이다.

그러므로 군자는 덕에 힘쓰고 정책을 잘 닦으며 형벌을 삼가야만 한다.

이렇게 하여 그의 〈충〉을 굳건히 함으로써 그의 신의(信義)를 밝히며, 그것을 실천함에 게을리하지 않는다면 어찌 다스려지지 않는 사람들이 있게 되겠는가.

《시경》에 이렇게 읊고 있다.

"정사를 베풂이 훌륭하시니, 온갖 복록(福祿) 다 모여드네."

부화지이덕 이 지상야 즉인일천선이 부지

원문 夫化之以德이, 理①之上也니, 則人日遷善而不知니라.

시지이정 이지중야 즉인부득불위선

施之以政이, 理之中也니, 則人不得不爲善이니라.

징 지이형 이지하야 즉인외이불감위비 야

懲②之以刑이, 理之下也니, 則人畏而不敢爲非也니라.

형즉재생 이중 정즉재간이능 덕즉
刑則在省③而中이오, 政則在簡而能이오, 德則

재박이구
在博而久니라.

덕자 위리지본야
德者, 爲理之本也니라.

임정비덕즉박 임형비덕즉잔
任政非德則薄이오, 任刑非德則殘이니라.

고 군자무어덕 수어정 근어형
故로 君子務於德하고, 脩於政하며, 謹於刑이니라.

고기충 이명기신 행지비해 하불
固其忠하여, 以明其信하고, 行之匪懈④면, 何不

리지인호
理之人乎아?

시 운 부정 우우 백록 시주
詩⑤云 ; 敷政⑥優優⑦하니, 百祿⑧是遒⑨라 하니라.

주 ① 理(이)－다스림. 정치.
② 懲(징)－응징하다. 징계하다.
③ 省(생)－간단한 것.
④ 匪懈(비해)－게을리하지 않는 것. 태만하지 않은 것.
⑤ 詩(시)－《시경》 상송(商頌) 장발(長發) 시에 보이는 구절.
⑥ 敷政(부정)－정책을 펴다. 정치를 행하다.

⑦ 優優(우우)－훌륭하고 덕 있는 모양.
⑧ 百祿(백록)－온갖 복(福)과 녹(祿). 녹은 복의 뜻도 지니고 있음.
⑨ 是遒(시주)－시(是)는 어조사, 주(遒)는 모이다, 모여들다.

해의 이 장에서는 정치를 하는 데 있어 〈충〉이란 덕목은 어떤 효용을 지니는가를 설명하고 있다. 먼저 나라를 다스리는 데에는 덕으로써 백성을 교화하는 방법, 정책으로써 백성을 유도하는 방법, 형벌로써 백성을 위협하는 방법이 있는데, 덕으로써 다스리는 것이 가장 상급의 정치라 하였다.

그런데 덕으로써 다스리자면 먼저 다스리는 사람이 〈충〉을 마음속에 굳건히 지니고 있어야만 한다. 옛날부터 중국에서는 정치의 이상으로 덕으로 나라를 다스리는 왕도(王道) 정치를 숭상하여 왔다. 힘으로 다스리는 정치 방식은 패도(覇道)라 한다.

임금이 〈충〉을 지키면 그 아래 대신이나 모든 관리와 백성들도 모두 〈충〉을 지키게 되어 '덕에 의한 다스림'이 이룩되는 것이다. 따라서 〈충〉이란 개인의 입장에서도 가장 바람직한 마음가짐일 뿐만 아니라 사회에 나가 일을 하거나 나라를 다스리는 데 있어서도 가장 바람직한 마음가짐인 것이다.

《시경》의 말도 〈충〉을 바탕으로 하여 국가와 사회를 위하여 일을 잘하면 그 개인에게도 행복이 돌아온다는 것을 증명하기 위하여 인용한 것이다.

특히 이 장에서는 정치는 법령이나 형벌보다도 덕으로 하여야 함을 강조하고 있다. 덕으로 나라를 다스리는 방법이 유가의 정치 이상인 왕도정치이다.

제 8 장

무비(武備) – 국방과 〈충〉

왕자(王者)란 무력을 갖추어 사방에 위세(威勢)를 드러냄으로써 만백성을 편안히 해주어야 하는 것이다.

순수한 덕이 두루 펴지면 오랑캐들도 모두 명을 따르게 되며, 군대의 지휘권을 올바로 장악하게 된다.

아랫사람들에게는 인(仁)으로써 달래주고, 의(義)로써 격려해 주고, 예(禮)로써 가르쳐 주고, 신(信)으로써 실행케 하고, 상(賞)으로써 권면해 주고, 형(刑)으로써 위엄을 보여주어야만 한다.

이 여섯 가지를 행하면 언제나 유리한 군대라 말할 수 있다.

그러면 군인들은 그의 마음을 다하고 그의 힘을 다하며 그의 목숨을 바치게 된다.

그리하여 적을 공격하면 승리하게 되고, 나라를 수비하면 견고하게 되는 것이니, 이것이 무비(武備)의 도인 것이다.

《시경》에 이렇게 읊고 있다.

"늠름한 군인은 나라의 방패일세."

왕자 입무 이위 사방 안만인야
원문 王者는, 立武①以威②四方하고, 安萬人也니라.

순덕 포흡 융이 품명 통군지수
淳德③布洽④이면, 戎夷⑤稟命⑥하며, 統軍之帥⑦니라.

인이회지 의이려지 예이훈지
仁以懷之하고, 義以厲⑧之하며, 禮以訓之하고,
신이행지 상이권지 형이엄지
信以行之하며, 賞以勸之하고, 刑以嚴之니라.

행차육자 위지유리
行此六者면, 謂之有利니라.

고 득사 진기심 갈기력 치기명
故로 得師⑨盡其心하고, 竭其力하며, 致其命이니라.

시이 공지즉극 수지즉고 무비지도
是以로 攻之則克⑩이오, 守之則固니, 武備之道

야
也니라.

시 운 규규 무부 공후 간성
詩⑪云 ; 赳赳⑫武夫여, 公侯⑬干城⑭이라 하니라.

주 ① 立武(입무)－군비(軍備)를 갖추는 것.
② 威(위)－위압하다. 위세를 보이다.
③ 淳德(순덕)－순수한 덕. 훌륭한 덕.
④ 布洽(포흡)－두루 펴지는 것. 고루 펴지는 것.
⑤ 戎夷(융이)－융(戎)과 이(夷) 모두 오랑캐 종족.
⑥ 禀命(품명)－명령에 복종하다. 명령을 따르다.
⑦ 統軍之帥(통군지수)－군의 장수들을 잘 통솔하게 된다. 곧 군대의 지휘권을 올바로 장악하게 되는 것.
⑧ 厲(여)－힘쓰게 하다. 격려하다.
⑨ 師(사)－군대. 군인들.
⑩ 克(극)－이기다. 승리하다.
⑪ 詩(시)－《시경》 국풍(國風) 주남(周南) 토저(兎罝) 시에 보이는 구절.
⑫ 赳赳(규규)－용감하고 늠름한 모양.
⑬ 公侯(공후)－제후(諸侯). 임금.
⑭ 干城(간성)－방패와 성. 외적의 공격으로부터 사람과 나라를 방어해 주는 것들임.

해의 여기서는 군무(軍務)에 있어서의 〈충〉이란 어떤 역할을 하는가를 설명하고 있다. 군권(軍權)을 장악하기에 앞서 덕으로써 나라를 다스려야 한다. 정현은 첫 구절 아래 "무덕(武德)은 편안함과 고요함을 위주로 하는 것이지 정벌에 의하여 이루어지는 것이 아니다. (武德主寧靜이오, 非形於征伐也니라.)"라고 주석을 붙이고 있다. 그러나 군대는 전쟁을 수행하는 임무를 띠고 있는 이상 특수한 여건 아래 놓여 있다. 군대는 전투 능력이 있어야 하고 그 자신이 엄격한 기율 아래 뭉쳐져 있어야만 하기 때문이다.

여기서 군에 있어서의 〈충〉의 바탕으로 인(仁)·의(義)·예(禮)·신(信)·상(賞)·형(刑)의 여섯 가지를 들고 있다.

인은 부하를 사랑하게 하고, 의는 전쟁의 대의를 깨닫게 하며, 예는 기율에 따른 행동을 가능케 하고, 신은 부하들로 하여금 지휘자를 믿고 따르게 하며, 상은 희생과 고난에 대한 대가를 강조하여 군사들을 용감하게 하고, 형은 준엄한 군율을 밝혀 주기 때문이다.

이 여섯 가지를 갖추고 있으면 〈충〉이 이루어져 군인들이 마음과 힘을 다하고 목숨을 바쳐 싸우게 된다. 이리하여 〈충〉을 바탕으로 한 언제나 승리하는 군대가 이룩된다는 것이다.

제 9 장

관풍(觀風) – 〈충〉과 민정(民情)

신하들은 천자의 명에 따라 사방으로 나가 백성들의 실정을 살피게 되므로, 듣는 것을 분명히 잘 듣지 않으면 안되고, 보는 것을 똑똑히 잘 보지 않으면 안 된다.

듣는 것이 분명하면 일을 자세히 파악하게 되고, 보는 것이 똑똑하면 이치를 잘 분별하게 된다.

이치를 잘 분별하면 〈충〉을 이룩하게 되고, 일을 자세히 파악하면 분별을 제대로 하게 된다.

군자란 사사로움을 버리고 얼굴빛을 바로 하고 있어야 하며, 이치에 어긋남으로써 사물을 그르치는 일이 없어야 하고, 권세에 구애받지 않고 적절한 인물을 임용토록 천거하여야만 한다.

오직 선(善)에만 가담하고 악(惡)을 배제한다.

이렇게 하여 올라가면 곧 성공을 하게 될 것이며, 이렇게 하여 나아가면 곧 원한이 없게 될 것이다.

이렇게만 되면 곧 온 세상이 자기 직책을 공경히 수행케 되어 모든 나라가 평화롭게 될 것이다.

《시경》에 이렇게 읊고 있다.

"이리 달리고 저리 달리며, 할 일을 두루 묻고 의논하네."

원문

유신이천자지명출어사방 이관풍
惟臣以天子之命出於四方①하여, 以觀風②이

청불가이불총 시불가이불명
니, 聽不可以不聰이오, 視不可以不明이니라.

총즉심 어사 명즉변 어리
聰則審③於事요, 明則辨④於理니라.

이변즉충 사심즉분
理辨則忠이오, 事審則分⑤이니라.

군자 거기사 정기색 불해리이상
君子는 去其私하고, 正其色⑥하며, 不害理以傷

물 불탄세 이거임
物⑦하고, 不憚勢⑧以擧任⑨이니라.

유선시여 유악시제
惟善是與⑩요, 惟惡是除니라.

이지이척 즉유성　　　이지이출 즉무원
以之而陟[11]則有成이오, 以之而出[12]則無怨이니라.

부여시즉천하경직　　　만방이녕
夫如是則天下敬職하고, 萬邦以寧이니라.

시 운 재치 재구　　주원 자추
詩[13]云 ; 載馳[14]載驅[15]하여, 周爰[16]諮諏[17]라하니라.

주

① 出於四方(출어사방)－나라의 여러 곳으로 지방행정과 민정을 시찰하러 나가는 것.
② 觀風(관풍)－풍속을 보다. 민간의 실정과 시정(施政) 상태를 살피는 것을 뜻한다.
③ 審(심)－자세히 살피어 잘 아는 것.
④ 辨(변)－올바로 잘 분별하는 것.
⑤ 分(분)－분별(分別)을 올바로 하는 것.
⑥ 色(색)－안색(顔色). 용모까지도 다 포함된다.
⑦ 傷物(상물)－사물(事物)을 손상시키다. 사물을 그르치다.
⑧ 憚勢(탄세)－권세나 주위 형세를 꺼리는 것. 권세나 형세에 구애를 받는 것.
⑨ 擧任(거임)－직위에 적절한 인물을 천거하는 것.
⑩ 與(여)－함께하다. 편이 되다. 지지하다.
⑪ 陟(척)－오르다. 일의 공을 쌓아올려 가는 것을 뜻함.
⑫ 出(출)－나아가다. 대외적으로 활동하는 것(백성을 다스리는 것)을 뜻함.

⑬ 詩(시)－《시경》 소아(小雅) 황황자화(皇皇者華) 시에 보이는 구절.

⑭ 載馳(재치)－재(載)는 어조사. 치(馳)는 말을 몰아 달리는 것.

⑮ 驅(구)－수레를 몰아 달리는 것.

⑯ 周爰(주원)－주(周)는 두루, 빈틈없이. 원(爰)은 어조사.

⑰ 諮諏(자추)－자(諮)는 물어보고 의견을 듣는 것. 추(諏)는 일을 물어보며 의논하는 것.

해의 여기서는 백성들의 실정과 시정 상황을 살피는 데 있어서 〈충〉은 어떤 역할을 하게 되는가를 설명하고 있다. 임금의 덕이나 정치의 득실은 백성을 통해 드러나게 되므로 민정을 잘 살핀다는 것은 나라를 다스리는 데 있어 무엇보다도 중요한 일의 하나가 된다.

민정을 올바로 파악하기 위해서는 무엇보다도 분명히 알아듣고 똑똑히 보고 파악할 줄 알아야만 한다. 그러면 모든 상황을 자세히 알고 모든 실정을 올바로 판단하게 된다. 이 대목에 정현은 "분명히 알아듣지 못하면 들은 일 때문에 미혹되게 되고, 똑똑히 보지 못하면 그가 본 것들이 가리어진다.(不聽則惑其所聞하고, 不明則蔽其所見이라.)"고 주를 달고 있다. 자세히 알고 올바로 판단하는 데에서 〈충〉은 이루어진다.

이 장에서 "이치를 잘 분별하면 〈충〉을 이룩하게 되고, 일을 자세히 파악하면 분별을 제대로 하게 된다"고 하여, 마치 '일을 자세히 파악하는 것'은 〈충〉과 별개의 문제인 듯이 보이기 쉽도록 쓰여져 있지만, 곧 그것은 '이치를 잘 분별하여 〈충〉을 이룩하는' 바탕이 되는 것이다.

이렇게 '일을 자세히 파악하고', '이치를 잘 분별하여' 〈충〉을 이룩한 사람은 몸가짐이 근엄하고 공평무사(公平無私)하게 된다. 그리하여 이치에 어긋나는 짓을 하여 일을 그르치는 일이 없게 되고, 권세에도 굴하는 법 없이 언제나 올바른 사람만을 천거하고 선(善)만을 추구하게 된다. 여기에서 나라의 번영과 세계의 평화가 이룩되게 되는 것이다.

〈충〉이란 결국 자기의 직책을 공경히 수행하는 데에서 이룩되는 것이다. 그리고 이러한 일하는 사람 개인의 〈충〉의 효과는 곧 나라와 세계에까지도 널리 펴지게 되는 것이다.

제 10 장

보효행(保孝行) – 〈충〉과 〈효〉

언제나 효성스런 사람은 반드시 〈충〉에 대하여도 귀중히 여긴다.

〈충〉을 진실로 행하지 못한다면 그가 따르는 길도 여전히 올바른 도(道)가 못되는 것이다.

그래서 〈충〉에 그가 미치지 못한다면 그가 지켜야만 할 것들까지도 잃게 되는 것이다.

곧 그 자신만을 위태롭게 할 뿐 아니라 그의 어버이에게까지도 욕이 미치게 되는 것이다.

그러므로 군자는 그의 효도를 행함에 있어 반드시 먼저 〈충〉을 앞세우는 것이니, 그의 〈충〉을 다하게 되면 복록(福祿)이 다 찾아오게 되기 때문이다.

그러므로 사랑과 존경의 마음을 다하여 그의 어버이

를 부양하면, 그 은덕이 남들에게까지 미치게 되는 것이다.

이것을 두고 '효행을 보전하는 것'이라 말하는 것이다.

《시경》에 이렇게 읊고 있다.

"효자의 효도가 다함이 없으니, 영원히 그대에게 복 내리리로다."

원문 夫惟孝者(부유효자)는, 必貴於忠(필귀어충)이라.

忠苟(충구)[①] 不行(불행)이면, 所率(소솔)[②] 猶非其道(유비기도)[③]니라.

是以(시이)로 忠不及之(충불급지)면, 而失其守(이실기수)[④]니라.

匪(비)[⑤] 惟危身(유위신)이오, 辱及親也(욕급친야)니라.

故(고)로 君子行其孝(군자행기효)에, 必先以忠(필선이충)이니, 竭其忠(갈기충)이면, 則福祿至矣(즉복록지의)니라.

故(고)로 得盡愛敬之心(득진애경지심)하여, 以養其親(이양기친)하고, 施及於人(시급어인)[⑥]이니라.

차 지 위 보 효 행 야
此之謂保孝行也니라.

시 운 효 자 불 궤 영 사 이 류
詩⑦**云 ; 孝子不匱**⑧하니, **永錫**⑨**爾類**⑩라 하니라.

주 ① 苟(구)—진실로.
② 所率(소솔)—그가 따르고 있는 바. 옳다고 믿고 행하는 원리.
③ 其道(기도)—올바른 도(道), 진실한 도.
④ 其守(기수)—그가 지키는 것. 그가 이룩하려는 자신의 행복과 가정의 평화 및 나라를 위해 일하려는 포부 등을 통틀어 말한다.
⑤ 匪(비)—비(非)와 같은 부정사.
⑥ 人(인)—외부의 모든 사람들.
⑦ 詩(시)—《시경》 대아(大雅) 기취(旣醉) 시에 보이는 구절.
⑧ 不匱(불궤)—다함이 없다. 끝없이 효도하다.
⑨ 錫(사)—사(賜)와 통하여, 내려주는 것.
⑩ 類(유)—선(善)의 뜻으로, 여기에선 행복을 가리킨다.

해의 이 장에서는 〈충〉과 〈효〉의 관계를 주로 설명하고 있다. 제목의 '효행을 보전하는 것[保孝行]'이라는 말은 바로 〈충〉의 효용을 요약한 말이다. 곧 〈충〉이야말로 〈효〉를 보전해 주는 기능을 지닌 것이어서, 〈효〉

를 행하고자 한다면 먼저 〈충〉을 행할 줄 알아야만 한다는 것이다. 그래서 정현은 이 첫 구절에 "만약 효도할 것을 생각하면서도 〈충〉을 잊고 있다면, 마치 복을 추구하면서도 하늘을 버리는 것과 같다.(若思孝而忘忠이면, 猶求福而棄天이라.)"고 주를 달고 있다.

〈충〉이란 사람으로서 살아나가고 행동하는 기본 도리이므로 〈충〉을 행하지 못하면 그 자신뿐만 아니라 부모에게까지도 피해가 가게 된다. 〈충〉을 성실히 행할 때 그 자신의 행복도 이룩되고, 부모에 대한 효도도 이룩할 수가 있게 된다는 것이다.

'사랑하고 공경하는 마음'을 다하여 부모를 섬기는 것이 〈효〉인데, 바로 그 '사랑하고 공경하는 마음'이란 〈충〉의 마음가짐과도 통하는 것이다. 정현은 "〈충〉의 도를 지키면 온갖 선한 것들이 모두 그에게로 돌아가게 되는 것이니, 자신도 편안하고 부모도 즐겁게 됨으로써 그의 봉양도 다할 수 있게 되는 것이다.(守忠之道면, 衆善攸歸니, 身安親樂하여, 得盡其養이라.)"고 주석을 달고 있다.

제 11 장

광위국(廣爲國) – 나라를 위하는 〈충〉

총명한 임금은 나라를 다스림에 있어서 바른 사람을 벼슬자리에 임명하고, 비뚤어진 자들을 멀리한다.

비뚤어지면 불충(不忠)하게 되고, 〈충〉하다면 반드시 올바른 것이다.

올바름이 있은 연후에야 그 능력도 쓰임이 있는 것이다.

그러므로 도덕으로 스승을 삼고 현명하고 훌륭한 이들을 팔다리처럼 부리며, 안으로는 문교(文敎)로써 화목을 이룩하고 밖으로는 무력으로써 위세를 떨치며, 예악(禮樂)을 잘 실천하고, 정형(政刑)을 잘 지켜가는 것이다.

그러므로 위대한 교화(敎化)가 일어나 행하여지고 오랑캐들도 모두가 굴복해 오게 되며, 임금과 신하들이

화친하고 기뻐하고 온 나라가 평화와 안녕을 누리게 되는 것이다.

이것은 임금이 신하들을 올바로 임명하여 아래에서는 〈충〉을 다하고 위에서는 신의를 지키는 데서 오는 결과인 것이다.

《시경》에 이렇게 읊고 있다.

"여러 훌륭한 신하들 있어, 문왕(文王)께서는 그 때문에 편안하셨네."

명주지위국야 임어정 거어사

원문 明主之爲國也에, 任於正하고, 去於邪니라.

사즉불충 충즉필정

邪則不忠이오, 忠則必正이니라.

유정연후용기능

有正然後用其能이니라.

시고 사보 도덕 고굉 현량 내목이

是故로 師保①道德하고, 股肱②賢良하며, 內睦以

문 외위이무 피복 예악 제방 정형

文하고, 外威以武하며, 被服③禮樂하고, 隄防④政刑

이니라.

고 득대화 흥행 만이 솔복 인신

故로 得大化⑤興行하고, 蠻夷⑥率服⑦하며, 人臣

화열 방국평강
和悅하고, 邦國平康하니라.

차군능임신 하충상신지소치야
此君能任臣하여, 下忠上信之所致也니라.

시 운 제제 다사 문왕이녕
詩[⑧]云 ; 濟濟[⑨]多士여, 文王以寧이라 하니라.

주 ① 師保(사보)－젊은이들의 교육을 맡은 관리. 《예기(禮記)》 문왕세자(文王世子)에 "사(師)는 일에 대하여 가르치어 덕(德)에 대하여 깨닫게 해주었고, 보(保)는 그 자신을 삼가게 함으로써 행실을 도와 도(道)로 돌아가게 해주었다"고 쓰여 있다.
② 股肱(고굉)－넓적다리와 팔. 신하에 비유한 말.
③ 被服(피복)－몸소 실천하는 것.
④ 隄防(제방)－잘못되지 않도록 잘 지키는 것.
⑤ 大化(대화)－위대한 교화(敎化).
⑥ 蠻夷(만이)－사방의 오랑캐들.
⑦ 率服(솔복)－모두 따르고 굴복하는 것.
⑧ 詩(시)－《시경》 대아(大雅) 문왕(文王) 시에 보이는 구절.
⑨ 濟濟(제제)－많은 모양.

해의 이 장에서는 관리의 임용에 있어서의 〈충〉의 효능을 설명하고 있다. 신하에 대한 평가는 먼저 그의 능력보다도 그가 올바른 인물인가 어떤가를 알아보아야 한다는 것이다. 〈충〉을 터득한 인물이라면 반드시 올바르게 행동할 것이기 때문이다. 올바르고 능력있는 신하를 임용하기만 하면 나라는 문제없이 평화롭게 잘 다스려진다.

따라서 정치의 관건은 〈충〉을 이행하는 많은 신하들을 임용하는 데 있다. 〈충〉된 신하가 많기만 하면 그 나라는 평화롭게 잘 다스려질 수밖에 없다는 것이다. 주(周)나라 문왕(文王) 같은 성군이 훌륭한 정치를 할 수 있었던 것도 그의 밑에는 〈충〉된 제제다사(濟濟多士)가 있었기 때문이다.

정현은 이곳 주에서 '바른 것과 〈충〉'의 관계에 대하여 "능력은 있으되 바르지 못하면 비뚤어진 것이요, 바르면서도 유능하여야만 〈충〉이 된다.(能而無正則邪요, 正而有能則忠이라.)"고 설명하고 있다. 그리고 이 장의 제목을 '광위(廣爲)'라 한 것은 '다스리는 데 있어서의 〈충〉의 효능을 넓히어 설명한다'는 뜻인 듯하다.

제 12 장

광지리(廣至理) — 지극한 원리인 <충>

옛날의 성인은 온 천하의 귀와 눈을 통하여 보고 들었고, 온 천하의 마음으로써 자기 마음을 삼아서, 예만 갖추고 있어도 스스로 교화되었고, 공을 이룩하고서도 결과를 차지하려 하지 않았다.

이것이야말로 원리에 따라 이루어진 것이라고 말할 수가 있다.

왕자(王者)가 지극한 원리에 대하여 생각한다면 그것이 먼 곳에 있는 것일까?

자신이 의식적인 행위를 하지 않음으로써 천하가 스스로 맑아지고, 의심하지 않음으로써 천하가 스스로 신임하게 되고, 사사롭지 않음으로써 천하가 스스로 공정해지는 것이다.

보물을 천하게 여기면 사람들이 탐욕을 버리게 되고, 사치를 하지 않으면 사람들도 따라서 검소해지며, 실질적인 방법을 쓰면 사람들이 허위를 버리게 되고, 사양하는 것을 숭상하면 사람들이 다투지 않게 된다.

그러므로 사람들의 마음이 화평해지고 온 천하가 순박하고 질박(質樸)하게 되며, 그들의 삶을 즐기고 그들의 수명을 보전케 되며, 성덕(聖德)을 입어 편안히 노닒으로써 자연의 지극한 경지에 이르게 되는 것이다.

《시경》에 이렇게 읊고 있다.

"의식하지도 못하고 알지도 못하여도, 하나님의 법도만을 따른다."

고자 성인 이천하지이목 위시청
원문 古者에 聖人은 以天下之耳目으로 爲視聽하고,
천하지심 위심 단류 이자화 거
天下之心으로 爲心하여, 端旒①而自化②하고, 居
성 이불유
成③而不有④하니라.

사가위치리 야이의
斯可謂致理⑤也已矣⑥인저!

왕자 사어지리 기원호재
王者이 思於至理면, 其遠乎哉아?

무위 이천하자청 불의이천하자신 불
無爲⑦而天下自淸하고, 不疑而天下自信하며, 不
사이천하자공
私而天下自公이니라.

천진즉인거탐 철치 즉인종검 용실
賤珍則人去貪하고, 徹侈⑧則人從儉하며, 用實
즉인불위 숭양즉인부쟁
則人不僞⑨하고, 崇讓則人不爭이니라.

고 득인심화평 천하순질 낙기생
故로 得人心和平하고, 天下淳質⑩하며, 樂其生하
보기수 우유 성덕 이위자연지지
고, 保其壽하며, 優游⑪聖德하여, 以爲自然之至⑫
야
也니라.

시 운 불식부지 순제 지칙
詩⑬云 ; 不識不知로되, 順帝⑭之則⑮이라 하니라.

주 ① 端旒(단류)－단(端)은 현의(玄衣)라고도 부르는 옛날의 예복, 유(旒)는 면류(冕旒)로서 임금의 관 장식. 여기서는 단면(端冕)과 같은 말로 '올바른 예복과 격에 맞는 관을 쓰는 것', 곧 '예를 바르게 갖추고 있는 것'.

② 自化(자화)－스스로 교화되다. 자연히 교화되다.

③ 居成(거성)－공을 이룩한 위치에 있는 것. 곧 공을

이룩하고 있는 것.

④ 不有(불유)－소유하지 않다. 공로를 이룩한 결과를 차지하려들지 않는 것.

⑤ 致理(치리)－이치에 이른 것. 원리에 따라 이루어진 것.

⑥ 也已矣(야이의)－모두 어조사. 어세를 강조한다.

⑦ 無爲(무위)－의식적인 행위를 하지 않는 것.

⑧ 徹侈(철치)－사치를 거두다. 사치를 하지 않다.

⑨ 僞(위)－거짓. 허위.

⑩ 淳質(순질)－순박하고 질박(質樸)한 것.

⑪ 優游(우유)－여유있게 노닐다. 편히 노닐다.

⑫ 自然之至(자연지지)－자연의 지극한 상태.

⑬ 詩(시)－《시경》 대아(大雅) 황의(皇矣) 시에 보이는 구절.

⑭ 帝(제)－상제(上帝). 하나님.

⑮ 則(칙)－법. 법칙. 법도.

해의 여기서는 〈충〉의 광범위한 적용 원리를 설명하고 있다. 〈충〉은 널리 온 세상에 적용되는 것이지만, 그 기본 원리는 간단한 것이다. 곧 다스리는 사람이 백성들과 똑같이 보고 듣고 생각한다는 것이다. 그것은 곧 임금으로부터 백성에 이르는 온 국민이 똑같이 느끼고 똑같이 생각하는 이른바 총화의 상태를 뜻한다. 일단 총화를 이룩하기만 하면 정치는 물론 온 세상일이 모두 이치를 따라 저절로 잘 되어 간다는 것이다.

여기에서 "무위(無爲)하여도 천하는 스스로 맑아진다"고 한 대목부터 "자연의 지극한 경지에 이른다"는 데까지의 서술은 완전히 노자(老子)와 장자(莊子)의 도가(道家) 사상과 합치된다. '무위자연(無爲自然)'은 도가의 기본 사상이기 때문이다. 그러나 유가의 이상인 완전한 덕으로 다스리는 정치가 이루어진 사회도 실상은 도가의 이상 사회와 별 차이가 없는 것이다.

'덕'으로 다스린다는 것은 아무런 법에 의한 강요나 인위적인 작위도 없이 모든 사람이 자연스럽게 감화를 받아 저절로 평화와 질서를 유지하게 됨을 말한다.

따라서 완전히 덕으로 다스리는 정치가 이루어진 사회란 도가에서 주장하는 바와 같은 무위이치(無爲而治)가 되지 않을 수 없다. 다스림에 어떤 강요나 규제가 가하여진다면 그것은 이미 덕치가 될 수 없는 것이기 때문이다. 이런 이유로 이곳의 〈충〉에 의하여 다스려진 사회의 설명이 도가 사상과 합치되고 있는 것이다. 유가와 도가는 그들의 궁극적인 이상(理想)에는 큰 차이가 없는데, 다만 그 이상에 도달하는 방법만이 서로 다를 뿐이라고 할 수 있다.

제 13 장

양성(揚聖) — 〈충〉은 성(聖)을 드러낸다

임금의 덕이 성(聖)스럽고 밝을 적에는 충신은 그것을 자신의 영예로 알고, 임금의 덕이 부족할 적에는 충신은 그것을 자신의 치욕으로 여기었으니, 덕이 부족할 적에는 그것을 보충해 주고, 덕이 성스럽고 밝을 적에는 그것을 드날려 주는 것이 옛날의 도(道)였다.

그래서 순(舜)임금이 덕이 있자 신하인 고요(咎繇)가 그것을 노래하였고, 문왕(文王)의 도를 주공(周公)이 찬송했으며, 선왕(宣王)이 나라를 중흥시키자 길보(吉甫)가 그것을 노래했던 것이다.

그러므로 군자로서 덕이 홍성하고 밝은 때의 신하가 되면 반드시 그것을 드날리어, 성덕(盛德)이 천하에 가득히 흘러넘치고 후대에까지도 그것이 널리 전해지도록 하는 것이 바로 〈충〉인 것이다.

군덕성명　　충신이영　　군덕부족
원문 君德聖明하면, 忠臣以榮이오, 君德不足이면,

충신이욕　　부족즉보지　　성명즉양지
忠臣以辱이니, 不足則補之하고, 聖明則揚①之이,

고지도야
古之道也니라.

시이　우　유덕　　고요　가지　　문왕지도
是以로 虞②有德하니, 咎繇③歌之하고, 文王之道

주공송지　　선왕　중흥　　길보　영지
를 周公頌之④하고, 宣王⑤中興에, 吉甫⑥詠之하니라.

고　군자　신어성명　지시　필양지　　성
故로 君子는 臣於盛明⑦之時면, 必揚之하여, 盛

덕류만천하　　전어후대　　기충의부
德流滿天下하고, 傳於後代이, 其忠矣夫인저.

주
① 揚(양)－드날리다. 널리 알리고 더욱 발전시키는 것.
② 虞(우)－옛날 순(舜)임금의 국호(國號).
③ 咎繇(고요)－고요(皐陶)로도 쓰며 순(舜)임금의 현명한 신하 중의 한 사람. 순임금의 덕을 칭송한 고요의 노래는 《서경(書經)》 우서(虞書) 고요모(皐陶謨)〔위고문(僞古文)에서는 이 노래가 들어있는 뒷

부분이 익직(益稷)편으로 독립되어 있음]에 보인다.

④ 周公頌之(주공송지)－《시경》의 주송(周頌)에는 문왕(文王)의 업적을 칭송하는 노래들이 많이 들어있는데, 후한(後漢)의 정현은 《시보(詩譜)》에서 이것들을 모두 성왕(成王, 기원전 1115~1079년 재위) 때 주공(周公)이 지은 것으로 보았다. 따라서 이 말은 주송을 두고 한 것이다. 그러나 주송에는 이미 주희(朱熹)가 《시집전(詩集傳)》에서 지적한 바와 같이 강왕(康王, 기원전 1078~1053년 재위) 이후의 시들도 들어있다. 그러나 대부분이 서주(西周) 초기의 작품임에 틀림없다.

⑤ 宣王(선왕)－기원전 827~기원전 782년까지 주(周)나라를 다스린 제11대 왕.

⑥ 吉甫(길보)－윤길보(尹吉甫)로 선왕 때의 어진 신하. 《시경》 대아(大雅)에는 길보가 지은 시로 숭고(崧高)와 증민(烝民)의 두 편이 있는데, 《모전(毛傳)》에서는 이 두 편 모두 선왕의 주나라 중흥의 업적을 기린 작품으로 해석하고 있다.

⑦ 盛明(성명)－덕이 흥성하고 밝은 것. 그러나 앞의 예로 보아 이 성(盛)은 성(聖)으로 씀이 옳을 듯하다.

해의 이 장에서부터는 〈충〉을 실천하는 데 있어서 특히 중요하다고 생각되는 몇 가지 사항을 골라서 그것을 강조하며 설명하고 있다. 여기에서는 '임금님의 덕을 널리 알리고 발전시키는 것', 곧 '양성(揚聖)'이 가장 중요한 〈충〉의 요건의 하나임을 강조하고 있다.

윗사람의 덕을 널리 알리고 또 더욱 발전하도록 돕는다는 것은 곧 덕을 온 세상에 펴는 길이기 때문이다. 그것은 자기 자신이 훌륭한 덕을 지님을 뜻할 뿐만이 아니라 온 세상 사람들이 모두 덕을 따르게 됨을 뜻하게 되기 때문이다.

반대로 임금이 덕이 없거나 모자랄 적에는 임금의 덕을 늘려주고 보충해 주도록 힘써야만 한다. 정현은 이 대목에 "임금의 부족함 점을 보충해주고 임금의 훌륭한 업적을 널리 알려야 하는데, 옛날의 충신은 모두가 그러하였다.(補袞之闕하고, 揚君之休니, 古之忠臣則皆然也니라.)"라 주석을 달고 있다. 윗사람이 덕이 모자란다고 버려두거나 무시하는 것은 〈충〉의 도가 아니다. 윗사람을 바로잡아 주려는 노력은 윗사람의 비위에 거슬리는, 그 자신으로서는 불리한 행동이 되기 일쑤일 것이다. 그러나 〈충〉을 행하려는 사람은 개인의 이해를 떠나서 언제나 공의(公義)에 입각한 행동을 하지 않으면 안되는 것이다.

제 14 장

변충(辨忠) —〈충〉과 사회윤리

위대하도다, 〈충〉의 효용이여!

그것을 가까이 베풀면 곧 집안과 나라를 보전할 수 있게 되고, 그것을 먼 곳에 베풀면 하늘과 땅의 운행에까지 적용케 된다.

그러므로 명철한 임금은 나라를 다스리는 데 있어서 반드시 먼저 〈충〉을 잘 분별한다.

군자의 말은 충성스럽지만 간사하지는 않고, 소인의 말은 간사하여 충성스러운 듯하면서도 그릇된 것이므로, 그런 말을 듣는 사람으로서는 미혹되지 않는 일이 드문 것이다.

충성스럽고도 인(仁)할 수 있다면 곧 나라의 덕이 밝아질 것이며, 충성스럽고도 지혜로울 수 있다면 곧 나라의 정사가 바로잡혀질 것이며, 충성스럽고도 용기가 있을 수 있다면 곧 나라의 어려움이 해소될 것이다.

그러므로 비록 그에게 능력이 있다 하더라도 반드시 〈충〉을 통하여야만 공을 이룩하게 되는 것이다.

인(仁)하면서도 충성스럽지 않다면 곧 그의 은덕을 개인적인 것으로 돌릴 것이며, 지혜로우면서도 충성스럽지 않다면 곧 거짓된 짓을 하고 그것을 꾸미게 될 것이며, 용기가 있으면서도 충성스럽지 않다면 곧 반란을 일으키기 쉬울 것이다.

그래서 비록 그에게 능력이 있다 하더라도 충성스럽지 않다면 일을 망치게 되는 것이다.

이상 세 가지에 대하여는 잘 분별하지 않으면 안되는 것이다.

《서경》에,

"훌륭한 것과 악한 것을 가려낸다."

고 말한 것은 바로 이것을 뜻하는 것이다.

대재　　충지위용야

원문 大哉라, 忠之爲用也여!

시지어이　　즉가이보가방　　시지어원

施之於邇[①]면, 則可以保家邦하고, 施之於遠이

즉가이극천지

면, 則可以極天地[②]니라.

고 명왕위국 필선변충
故로 明王爲國에, 必先辨忠이니라.

군자지언 충이불녕 소인지언 영이
君子之言은, 忠而不佞③하고, 小人之言은, 佞而

사충이비 문지자 선 불혹의
似忠而非니 聞之者이, 鮮④不惑矣니라.

부충이능인 즉국덕창 충이능지
夫忠而能仁이면, 則國德彰⑤하고, 忠而能知면,

즉국정거 충이능용 즉국난청
則國政擧⑥하며, 忠而能勇이면, 則國難淸⑦하니라.

고 수유기능 필유충이성야
故로 雖有其能이라도, 必由忠而成也니라.

인이불충 즉사기은 지이불충 즉
仁而不忠이면, 則私其恩하고, 知而不忠이면, 則

문 기사 용이불충 즉이기란
文⑧其詐⑨하며, 勇而不忠이면, 則易其亂이니라.

시수유기능 이불충이패야
是雖有其能이라도, 以不忠而敗也니라.

차삼자 불가불변야
此三者는, 不可不辨也니라.

서 운 정별숙특 기시위호
書⑩云 ; 旌別淑慝⑪이라 함은 其是謂乎인저!

주 ① 邇(이)－가까운.

② 極天地(극천지)－천지에 극하다, 곧 천지의 조화와 운행에도 〈충〉의 원리가 모두 적용된다는 뜻.
③ 佞(영)－간사한 것. 간악한 것.
④ 鮮(선)－드물다. 거의 없다.
⑤ 彰(창)－밝다. 밝히다.
⑥ 擧(거)－올바로 잘 되다. 흥성해지다.
⑦ 淸(청)－맑아지다. 없어지다. 해소되다. 정(靖)과 통하여 '다스려지다'의 뜻으로 보아야 좋다.
⑧ 文(문)－문(紋)과 통하여 무늬. 무늬를 놓듯 꾸미는 것.
⑨ 詐(사)－거짓. 거짓됨.
⑩ 書(서)－《서경》 주서(周書) 필명(畢命)편에 보이는 구절.
⑪ 旌別淑忒(정별숙특)－정별(旌別)은 표정(表旌)하고 가려내고 하는 것, 분명히 가려내는 것, 숙특(淑忒)은 선악(善惡)과 같은 말. 선한 것과 악한 것.

해의 여기서는 〈충〉을 실천하는 데 있어서 지배자로서 가장 주의하여야만 할 요건을 설명하고 있다. 〈충〉이란 사람과 사회뿐만 아니라 온 천지의 조화에까지도 적용되는 기본원리이므로, 윗자리에 있는 사람은 무엇보다도 어떤 것이 〈충〉인가를 정확히 분별하지 않으면 안된다는 것이다.

첫째로 〈충〉된 말이란 윗사람의 뜻을 거슬리는 것

일 가능성이 많다. 반대로 간사한 말은 윗사람의 뜻에 잘 영합된다. 그러기에 아랫사람의 말이 충성스러운 것인가 간사한 것인가를 분별한다는 것은 그리 쉬운 일이 아니다.

그리고 인(仁)·지(知)·용(勇) 같은 덕성이나 능력들도 아울러 〈충〉을 겸했을 때 비로소 올바른 기능을 발휘하게 된다. 오히려 재능만 많으면서도 충성스럽지 못하다면 그것은 일을 그르치는 결과만을 가져오게 된다. 그러니 윗자리에 있는 사람은 언제나 올바른 도리에 입각하여 어떤 것이 진실로 충성스러운 것이고, 어떤 것이 충성스럽지 못한 것인가를 올바로 분별하여야만 하는 것이다.

정현은 끝머리에 "선과 악을 분별한 다음에야 아랫사람을 부리는 데 잘못이 없게 된다.(善惡旣別이어야, 任使不謬니라.)"라 주석을 달고 있다. 〈충〉은 모든 것에 앞서는 덕성인 것이다.

제 15 장

충간(忠諫)—〈충〉으로 간해야 한다

충신으로서 임금을 섬김에 있어서는 올바로 간(諫)하는 일보다 더 앞세워야 할 것은 없다.

아래에서는 올바른 말을 할 수 있고, 위에서는 그 말을 들어줄 수 있다면 곧 왕도(王道)가 빛나게 될 것이다.

일의 계획이 이루어지기 전에 간하는 것이 가장 좋고, 일의 윤곽이 드러날 때 간하는 것은 차선이며, 일이 다 되어진 뒤에 간하는 것은 하급의 방법이다.

도리에 어긋나는데도 간하지 않는다면 충신이 아닌 것이다.

간하는 것은 순조로운 말로써 시작되지만, 그래도 안되면 끝내는 항의를 해야만 되고, 그래도 안되면 끝내는 절조를 지키어 죽음으로써, 임금의 훌륭한 덕을 이룩케 하고 나라를 편안히 하도록 해야만 하는 것이다.

《서경》에 말하고 있다.

"나무가 먹줄을 따라 깎이면 반듯해지고, 임금이 간하는 것을 따르면 성(聖)스러워진다."

충신지사군야 막선 어간
원문 忠臣之事君也엔, 莫先①於諫이니라.

하능언지 상능청지 즉왕도 광의
下能言之하고, 上能聽之면, 則王道②光矣니라.

간어미형 자 상야 간어이창 자 차야
諫於未形③者이, 上也요, 諫於已彰④者이, 次也요,
간어기행 자 하야
諫於旣行⑤者이, 下也니라.

위이불간 즉비충신
違而不諫이면, 則非忠臣이니라.

부간시어순사 중어항의 종어사절
夫諫始於順辭⑥하고, 中於抗議⑦하며, 終於死節⑧하여,
이성군휴 이녕사직
以成君休⑨하고, 以寧社稷이니라.

서 운 목종승 즉정 후 종간즉성
書⑩云 ; 木從繩⑪則正이오, 后⑫從諫則聖이라 하니라.

주 ① 莫先(막선)－……보다 더 앞세워야 할 것은 없다.
② 王道(왕도)－덕으로써 나라를 올바로 다스리는 방법.
③ 未形(미형)－일의 계획이 완전히 이루어지지 않았을 때.
④ 已彰(이창)－이미 밝혀진 때. 곧 일의 윤곽이 완전히 드러난 때.
⑤ 旣行(기행)－이미 행한 뒤. 일이 다 이루어진 뒤.
⑥ 順辭(순사)－순조로운 말. 종순(從順)한 말.
⑦ 抗議(항의)－임금의 뜻에 거슬리는 이론. 항의.
⑧ 死節(사절)－자기의 올바른 절의(節義)를 죽음으로써 지키는 것.
⑨ 休(휴)－아름다움. 훌륭함. 여기서는 훌륭한 덕. 훌륭한 정치 실적(實績).
⑩ 書(서)－《서경》 상서(商書) 열명(說命) 상편[僞古文]에 보이는 글.
⑪ 繩(승)－묵승(墨繩). 목수들이 쓰는 먹줄.
⑫ 后(후)－임금. 왕.

해의 여기에서는 다시 신하로서의 〈충〉의 행위로써 임금에게 올바른 말과 좋은 충고를 하는 '간(諫)하는 것'에 대하여 설명하고 있다. 신하란 임금의 비위를 거슬리어 자신의 생명이 위태로워지는 한이 있더라도 언제나 올바른 의견을 제시하여야만 한다.

그리고 임금은 언제나 올바른 의견이 자기 뜻에 어

긋나는 내용이라 하더라도 거기에 귀를 기울일 줄 알아야만 한다. 이것이 위아래가 총화를 이룩하는 길이며, 그렇게 되기만 하면 나라는 문제없이 잘 다스려진다는 것이다.

여기에 간하는 방법에 있어, 어떤 일이든 그 일의 계획이 다 이루어지기 전에 간하여 일을 미리 바로잡는 것이 가장 훌륭한 것이라 하고 있다. 일의 윤곽이 드러나기 시작할 때 간하는 것은 차선의 방법이고, 일이 다 이루어진 다음에 간하는 것이 가장 하급의 부득이한 방법이라 하였다.

일이 다 이루어진 다음에라도 잘못을 간하는 것은 물론 그대로 보아넘기는 것보다는 낫다. 그러나 이미 지난 일은 돌이킬 수 없는 것이고, 또 그것은 비판이나 같은 행위이므로 가장 낮은 급의 간하는 방법이라 한 것이다.

그리고 끝머리에서 신하가 충간(忠諫)을 위하여 죽음으로 절조를 지킨다는 것은 예로부터 중국에서는 충신의 전형적인 행위의 하나처럼 여겨 왔다. 정현은 그 대목 아래 "순조로운 말로 하여 따르지 않으면 비위에 거슬리는 항의를 하고, 항의를 하여도 따르지 않으면 죽음으로써 뜻을 관철하여, 임금이 잘못을 고치어 훌륭한 덕을 지니게 하고 나라를 안정시키는 것이다.(順辭不從하면, 犯顔抗議하고, 抗議不從하면, 則繼之以死하여, 其能使君改過爲美요, 社稷之安固也니라.)"라고 주를 달고 있다.

제 16 장

증응(證應) —〈충〉의 응보(應報)

하늘이 사람들을 감시함에 있어 선악에 대하여 반드시 응험(應驗)을 나타낸다.

선(善)으로서는 〈충〉을 행하는 것보다 더 큰 것이 없고, 악(惡)으로서는 불충(不忠)보다 더 큰 것이 없다.

그래서 〈충〉하면 곧 복록(福祿)이 내려지게 되고, 불충하면 곧 형벌이 가해지는 것이다.

군자는 도(道)를 지키기 때문에 그 아름다운 복도 영원히 지키게 되고, 소인은 행실이 일정하지 않기 때문에 스스로 재난에 빠지게 되는 것이다.

아름다운 복과 재난의 징험(徵驗)이 매우 분명하지 아니한가?

《서경》에 말하고 있다.

“선한 일을 하면 그에게 온갖 복이 다 내려지게 되고, 선하지 않은 일을 하면 그에게 온갖 재앙이 내려지게 된다.”

원문

유천감인 선악필응
惟天監人에, 善惡必應①이니라.

선막대어작충 악막대어불충
善莫大於作忠이오, 惡莫大於不忠이라.

충즉복록지언 불충즉형벌가언
忠則福祿至焉이오, 不忠則刑罰加焉이니라.

군자수도 소이장수기휴 소인불상 소이자함기구
君子守道니, 所以長守其休②요, 小人不常③이니, 所以自陷其咎④니라.

휴구지징 야 불역명재
休咎之徵⑤也이, 不亦明哉아?

서 운 작선 강지백상 작불선 강지백앙
書⑥云 ; 作善이면 降之百祥⑦하고, 作不善이면, 降之百殃이라 하니라.

주

① 應(응)－응하다. 응험(應驗)을 나타내다. 응보(應報)하다.

② 休(휴)－휴복(休福). 행복. 아름다운 복.

③ 不常(불상)－행위나 마음이 일정치 않은 것. 곧 때때로 나쁜 짓도 하는 것을 뜻함.

④ 咎(구)－허물. 재난. 불행.

⑤ 徵(징)－징험(徵驗).

⑥ 書(서)－《서경》 상서(商書) 이훈(伊訓)편〔僞古文〕에 보이는 글.

⑦ 百祥(백상)－백 가지 상서(祥瑞). 온갖 복(福).

해의 제1장에서 설명했듯이 〈충〉이란 자연의 섭리 또는 하나님의 뜻과도 부합하는 덕성인 것이다. 하나님은 언제나 사람들을 보살피고 계시면서 사람들의 행실에 따라 복도 내려주고 불행을 내려주기도 한다. 그런데 하나님이 사람들의 선하고 악한 것을 분별하는 가장 중요한 기준이 〈충〉이라는 것이다.

〈충〉은 모든 선의 바탕이어서 정현은 "모든 행위와 위대한 선도 〈충〉을 바탕으로 하지 않는다면 모두 잊혀지고 말게 된다.(百行大善도, 無忠皆忘이니라.)"고 주를 달고 있다.

옛날부터 중국인들은 하나님을 믿어 왔다. 따라서 《시경》·《서경》 같은 옛 경전의 말은 모두 하나님에 대한 신앙을 바탕으로 하고 있다. 하늘과 땅의 생성변화뿐만 아니라, 사람들의 개인생활이나 사회생활 모두가 하나님의 뜻에 의하여 이루어지는 것이라 생각하였다.

따라서 사람은 언제나 하나님의 뜻을 따라야만 한다고 생각하였다.

하나님을 그들은 천(天) 또는 제(帝)·상제(上帝)·천제(天帝) 등으로 불렀다. 다만 사람들의 행위에 따라 행복이나 재앙을 내리는 원리가 중국의 하나님은 서양의 하나님과는 약간 다르다.

서양의 하나님은 사람들의 선악을 자세히 분별하여 그 결과에 따라 복이나 벌을 내리지만, 중국의 하나님은 스스로 선악을 분별하지 않는다. 하나님의 뜻은 언제나 선하고 훌륭하여, 그 선한 하나님의 뜻을 따르면 자연히 복이 돌아가게 되고, 하나님의 뜻을 어기면 자연히 재난을 당하게 마련이라는 것이다.

이 장에서 정현은 "하늘의 뜻은 본시 아름답고 복된 것이어서 군자는 그것을 알고 따를 뿐이고, 하늘의 뜻에는 재난이 없으나 소인들은 스스로 그것을 추구하여 받게 되는 것이다.(天意本休니, 君子知而順之니라. 天意無咎나, 小人求而取之니라.)"라고 주를 달고 있다.

제 17 장

보국(報國) — 〈충〉은 나라를 위해야 한다

신하된 사람이 임금에게서 벼슬을 받으면 조상들과 후손들까지도 영광되게 되는데, 이것 모두가 임금의 은덕인데도 나라에 보답할 것을 생각하지 않는다면 어찌 〈충〉이라 하겠는가?

군자라면 녹(祿)이 없어도 임금을 이롭게 해드려야 하는 법이니, 녹을 받으면서 하지 않는다는 것은 말도 안된다.

나라에 보답하는 길에는 네 가지가 있다.

첫째는 현명한 사람들을 추천하는 것이고, 둘째는 좋은 계책을 제시하는 것이며, 셋째는 공을 이룩하는 것이고, 넷째는 이익을 가져다 주는 것이다.

현명한 사람이란 나라의 기둥이 되고, 계책이란 나라

의 규범이 되며, 공이란 나라를 발전시키는 것이고, 이익이란 나라의 쓰임을 풍족케 하는 것이다.

이것들 모두가 나라에 보답하는 길이니, 오직 능력에 따라서 행하여야만 할 것이다.

《시경》에 이르기를, '보답이 없는 말이란 없고, 응보가 없는 덕이란 없다' 하였으니, 하물며 충신에 대하여 나라의 응보가 없겠는가?

위인신자 관어군 선후광경 개군
원문 爲人臣者이, 官於君이면, 先後光慶①이, 皆君
지덕 불사보국 기충야재
之德이어늘, 不思報國이면, 豈忠也哉아?

군자유무록이익군 무유록이이자 야
君子有無祿而益君②이로되, 無有祿而已者③也
니라.

보국지도 유사
報國之道이, 有四라.

일왈 공현 이왈 헌유 삼왈 입공
一曰, 貢④賢이오, 二曰, 獻猷⑤요, 三曰, 立功이
사왈 흥리
오, 四曰, 興利⑥니라.

현자국지간 유자국지규 공자국지
賢者國之幹⑦이오, 猷者國之規⑧요, 功者國之

장 이자국지용
將⑨이오, 利者國之用⑩이니라.

시개보국지도 유기능이행지
是皆報國之道니, 惟其能而行之니라.

시운 무언불수 무덕불보 황충신
詩⑪云 ; 無言不酬⑫요, 無德不報라하니, 況忠臣

지어국호
之於國乎아?

주

① 先後光慶(선후광경)－조상들에게 영광되고 후손들에게 복이 돌아가는 것.

② 益君(익군)－임금에게 이익이 되게 하는 것. 임금을 보좌하는 것.

③ 已者(이자)－그만두는 것. 하지 않는 것. 곧 임금을 돕지 않는 것.

④ 貢(공)－추천하다. 천거하다.

⑤ 猷(유)－계책. 계획.

⑥ 興利(흥리)－이익을 일으키다. 경제적인 공헌을 뜻함.

⑦ 幹(간)－나무의 줄기.

⑧ 規(규)－규범(規範). 일을 하는 데 있어 표준이 되는 것.

⑨ 將(장)－받드는 것. 발전케 하는 것.

⑩ 用(용)－쓰임. 경제력을 뜻함.

⑪ 詩(시)－《시경》 대아(大雅) 억(抑) 시에 보이는 구절.

⑫ 酬(수)-보수. 보답을 받다. 수(讎)로 된 판본도 있음.

해의 여기에서는 벼슬하는 사람이 〈충〉을 바탕으로 하여 나라에 공헌하는 길을 설명하고 있다. 나라에 공헌한다는 것은 벼슬하는 사람으로서의 의무인데, 그 방법에는 네 가지가 있다는 것이다.

첫째, 인사정책(人事政策)에 공헌하는 길

둘째, 정책수립에 공헌하는 길

셋째, 시정(施政)이나 군사(軍事)에 공헌하는 길

넷째, 경제발전에 공헌하는 길

벼슬하는 사람이라면, 더구나 그 나라의 높은 관직에 있는 사람이라면 이 중 어떤 방법을 통해서라도 나라에 공헌하지 않으면 안된다는 것이다. 심지어 군자라면 벼슬을 하지 않는다 하더라도 임금에게 유익한 일을 하여야만 한다고 설교하고 있다.

정현도 벼슬하는 사람들은 "각자가 자기 능력에 따라 나라에 보답하여야만 하는 것이니, 그 길은 매우 넓다.(各以其能而報於國이니, 道斯廣矣니라.)"고 주를 달고 있다.

제 18 장

진충(盡忠) — 언제 어디서나 〈충〉을 다하라

온 천하가 〈충〉을 다하게 되면 순박한 교화가 행해지게 된다.

군자들이 〈충〉을 다한다는 것은 곧 그의 마음을 다함을 뜻하고, 소인들이 〈충〉을 다한다는 것은 곧 그의 힘을 다함을 뜻한다.

힘을 다하는 것은 그 자신에 한정된 일이지만, 마음을 다하는 것은 곧 그 영향이 먼 곳에까지 널리 미치는 것이다.

그러므로 총명한 임금은 다스림에 있어서 현명한 사람을 벼슬자리에 임명하는 데 가장 힘을 쓴다. 현명한 신하가 〈충〉을 다하게 되면 임금의 덕이 널리 퍼지기 때문이다.

정치와 교화는 그것을 통하여 아름답게 되고, 예의와 음악은 그것을 통하여 흥성하게 되고, 형벌은 그것을 통하여 밝아지고, 인애(仁愛)와 은덕은 그것을 통하여 널리 펴지게 된다.

온 세상에 태평을 즐기는 음악이 널리 퍼지고, 아름답고 복된 일이 다 이루어지면 하늘과 땅의 신기(神祇)에게 제사를 지내며 고해야 한다.

그러므로 아(雅)·송(頌) 같은 정악(正樂)으로 노래 부르게 되어, 영원무궁토록 후세에까지 그 은덕이 전해지게 되는 것이다.

천하진충 순화 행야

원문 天下盡忠이면, 淳化[1]行也니라.

군자진충 즉진기심 소인진충 즉진 기력

君子盡忠은, 則盡其心이오, 小人盡忠은, 則盡其力이니라.

진력자즉지기신 진심자즉홍어원

盡力者則止其身이나, 盡心者則洪於遠[2]이니라.

고 명왕지리야 무재임현 현신진충 즉군덕광의

故로 明王之理也엔, 務在任賢이니, 賢臣盡忠이면, 則君德廣矣니라.

정교이지 이미 예악이지이흥 형벌
政敎以之③**而美**하고, **禮樂以之而興**하며, **刑罰**

이지이청 인혜이지이포
以之而淸하고, **仁惠以之而布**니라.

사해지내유태평음 가상 기성 고우
四海之內有太平音④하고, **嘉祥**⑤**旣成**이면, **告于**

상하
上下⑥니라.

시고 파어아송 전어무궁
是故로 **播於雅頌**⑦하여, **傳於無窮**하니라.

주

① 淳化(순화)－순박한 교화. 완전한 교화.

② 洪於遠(홍어원)－먼 곳에까지 널리 영향을 미치다.

③ 以之(이지)－그것으로써. 그것을 통하여.

④ 太平音(태평음)－태평을 기리는 노래. 태평성세를 구가하는 음악.

⑤ 嘉祥(가상)－아름답고 복된 것. 완전한 정치 업적을 뜻한다.

⑥ 上下(상하)－하늘과 땅. 여기서는 하늘과 땅의 신. 곧 하늘과 땅의 신기(神祇), 천신(天神)과 지기(地祇).

⑦ 雅頌(아송)－《시경》은 풍(風)·소아(小雅)·대아(大雅)·송(頌)의 네 큰 부류로 나뉘어져 있다. 풍은 민요조의 노래이고, 소아 이하는 조정과 종묘(宗廟)에서 쓰던 정악(正樂)이다. 특히 대아와 송

은 거의가 선왕(先王)의 위대한 업적을 기리는 내용들이다.

해의 이 장은《충경》의 결론으로 온 나라 사람들이 〈충〉을 다하는 이상적인 경지를 쓴 것이다. 여기에서 사람들을 군자와 소인의 두 가지로 크게 구분하고 있는데, 봉건사회에 있어서 본시 군자란 벼슬자리에 있는 교육을 받은 지식인들을 가리키며, 소인이란 무식한 서민들을 뜻한다. 곧 군자는 지배계급의 사람들이고, 소인은 피지배계급의 사람들이다. 여하튼 군자나 소인을 막론하고 모든 사람들이 〈충〉될 때 참된 번영과 평화가 이룩된다는 것이다.

유가에서 숭상하는 덕목이 인(仁)·의(義)·예(禮)·지(智) 등 무척 많지마는, 개개인의 입장에서 시작하여 온 세계의 문제에 이르기까지 모든 일의 성패를 좌우하는 가장 중요한 덕목이 〈충〉이라는 것이다.

《논어(論語)》 이인(里仁)편을 보면, 공자 스스로 "나의 도는 하나로써 관통되어 있다.(吾道는 一以貫之니라.)"고 말하고 있는데, 공자의 제자인 증삼(曾參)은 그 말을 풀이하여 "선생님의 도는 〈충〉과 〈서〉일 따름이다.(夫子之道는, 忠恕而已矣라.)"고 설명하고 있다.

그리고 주희(朱熹)는 《사서집주(四書集註)》에서 "자기 자신을 다하는 것을 〈충〉이라 하고, 자기를 미루어 남을 생각하는 것을 〈서〉라 한다" 하였다. '자기 자신을 다한다'는 것은 '끊임없이 자신의 성의를 다하는 것'을 뜻한다.

충(忠)자는 중(中)·심(心)의 두 자로 이루어져 있는데 '마음에 중정(中正)함을 지니고 있는 것'을 뜻하고, 서(恕)는 여(如)·심(心)의 두 자로 이루어져 있는데 '마음에 자기처럼 남을 생각하는 자세를 지니고 있는 것'을 뜻한다.

주희는 〈충〉은 근본적인 것이고 〈서〉는 대인관계에 있어서의 그 효용을 뜻하므로 '하나로 관통된다'고 표현할 수 있는 것으로 풀이하였다.

어떻든 이미 공자 스스로가 자신의 학문의 근본을 이루는 것이 〈충〉이라 보았던 것이다. 공자의 다른 나머지 모든 학문이나 사상이 모두 〈충〉으로 관통되며, 또 〈충〉 없이는 아무것도 이루어지지 않음을 뜻하는 것이다. 후세에 와서는 〈충〉이라는 말을 나라나 임금에 대한 충성을 뜻하는 것으로 풀이하고 있으나 그것은 〈충〉의 일면을 표현하는 것에 불과하다. 이 장에서만은 〈충〉의 뜻을 공자의 본래의 사상에 가깝게 해석하고 있는 듯이 보이기도 한다.

자기 스스로를 위해서나 남, 또는 사회와 국가를 위해서나 '성실히 자신의 온 뜻과 능력을 다하여 올바로 일하는 것'이 〈충〉인 것이다. 그러기에 모든 사람이 〈충〉될 때 그 사회의 번영과 평화가 이룩된다는 것은 매우 당연한 일인 것이다.

부 록

사서(四書)에 보이는 충론(忠論)

《논어(論語)》에 보이는 충론

1. 증자가 말하였다. "나는 매일 자신에 대하여 세 가지를 반성한다. 남을 위하여 일을 꾀하되 충실하지 않았는가? 친구들과 사귐에 있어 신의를 잃지 않았는가? 스승에게서 배운 것을 익히지 않았는가?"

원문 曾子(증자)[1]曰(왈); 吾日三省(오일삼성)[2]吾身(오신)하나니, 爲人謀而(위인모이)不忠乎(불충호)아? 與朋友交而不信乎(여붕우교이불신호)아? 傳(전)[3]不習乎(불습호)아?

* 학이(學而)편

주 ① 曾子(증자)－공자의 제자. 성은 증(曾), 이름은 삼(參), 자는 자여(子輿), 노(魯)나라 사람. 특히 효행으로 뛰어났다.

② 三省(삼성)－세 가지에 대하여 반성하다. 세 번 반성하다로 푸는 학자도 있다.

③ 傳(전)－경(經)에 대한 현인(賢人)의 해설. 스승의 가르침.

해의 여기의 〈충〉은 국가나 임금에 대한 충성의 뜻보다는, '충실(忠實)', '충직(忠直)' 등의 뜻을 지니고 있다. 이것이 공자의 〈충〉에 대한 본래의 개념이다.

2. 자하가 말했다. "여색(女色)을 좋아하는 마음을 바꾸어 어진 사람을 어질게 여기고, 부모를 섬김에 제 힘을 다할 줄 알며, 임금을 섬김에 제 몸을 바칠 줄 알고, 벗들과 사귐에 자기 말의 신의를 지키면, 비록 그가 공부하지 않았다 하더라도 나는 반드시 그를 가리켜 공부한 사람이라 하겠다."

자하 왈 현현 역색 사부모 능
원문 子夏①曰；賢賢②易色③하고, 事父母하되, 能
갈기력 사군 능치기신 여붕우교
竭其力하며, 事君하되, 能致其身④하며, 與朋友交
언이유신 수왈미학 오필위지학
하되, 言而有信이면, 雖曰未學이라도, 吾必謂之學
의
矣라 하리라. * 학이(學而)편

주 ① 子夏(자하)−공자의 제자. 성은 복(卜), 이름은 상(商), 자가 자하임.

② 賢賢(현현)−앞의 것은 동사, 뒤의 것은 명사. 곧 현명한 사람을 현명하게 받드는 것.

③ 易色(역색)−여색(女色)을 좋아하는 마음을 바꾸다.

④ 致其身(치기신) - 그의 몸을 바치다. 제 몸을 희생시키다.

해의 자하는 공자의 실천주의적인 학문의 성격을 밝히고 있다. 학문이란 글을 배우는 것보다도 도덕적인 수양이 더욱 중요한 것이라는 것이다. 그리고 〈충〉이라는 말은 보이지 않으나 도덕면에 있어 '임금을 위해 자기 몸을 바쳐 일하는 것', 곧 임금이나 나라를 위한 충성의 뜻을 지닌 〈충〉의 개념이 형성되어 있다.

3. 공자께서 말씀하셨다. "군자는 중후하지 않으면 위엄이 없고 배움도 견고하지 않게 된다. 충실함과 신의를 위주로 하고, 자기만 못한 자를 벗하지 말 것이며, 잘못이 있으면 바로 고치는 것을 꺼리지 말아야 한다."

원문 子曰(자왈) : 君子不重(군자부중)① 則不威(즉불위)②하고, 學則不固(학즉불고)니라. 主忠信(주충신)하고, 無友不如己者(무우불여기자)③하며, 過則勿憚(과즉물탄)④改(개)니라.

* 학이(學而)편

주 ① 不重(부중) - 중후(重厚)하지 않은 것.

② 不威(불위) - 위엄이 떨치지 않다. 위엄이 없다.

③ 不如己者(불여기자)－자기만 못한 자. 자기와 행동 방향이 같지 않은 자.

④ 憚(탄)－꺼리다.

해의 군자는 무엇보다도 중후한 덕이 있어야만 하는데, 그 중후한 덕은 〈충〉과 〈신〉을 바탕으로 하여 이루어진다는 것이다. 〈충〉을 〈효〉와 연결시킬 적에는 임금과 나라에 대한 충성의 뜻이 강하지만, 〈충〉을 〈신〉과 연결시킬 때에는 아무래도 충실이나 성실의 뜻이 더 강하게 느껴진다.

4. 계강자가 여쭈었다. "백성으로 하여금 공경스럽고 충성되며 부지런히 힘쓰게 하려면 어떻게 하면 되겠습니까?"

공자께서 말씀하셨다. "백성을 위엄으로 대하면 공경스러워지고, 효성스럽고 자애롭게 만들면 충성스러워지고, 훌륭한 이들은 등용하고 무능한 사람들은 가르쳐 주면 부지런히 힘쓰게 될 것입니다."

계강자 문 사민경충이권 여지하

원문 季康子①問 ; 使民敬忠以勸②이면, 如之何리이까?

자왈 임지이장 즉경 효자즉충 거

子曰 ; 臨之以莊③則敬하고, 孝慈則忠하고, 擧

선 이 교 불 능 즉 권
善而教不能則勸이니라. * 위정(爲政)편

주 ① 季康子(계강자)－노(魯)나라의 대부, 계손씨(季孫氏) 집안 사람. 이름은 비(肥). 노나라 세도가 중의 한 사람이었음.
② 勸(권)－권면(勸勉)하다. 부지런히 힘쓰다.
③ 莊(장)－장중함. 용모와 행동이 단정하고 위엄이 있는 것.

해의 지배자가 백성으로 하여금 자기에게 충성을 다하도록 하려면, 먼저 백성들이 자식은 효도를 다하고 부모는 자애롭도록 만들어야 한다고 하였다. 공자는 이처럼 〈충〉과 〈효〉는 불가분의 관계에 있다고 생각했던 것이다.

5. 공자께서 말씀하셨다. "임금을 섬기는 데 예를 다하는 것을 남들은 아첨한다고 여기는구나."

자 왈 사 군 진 례 인 이 위 첨 야
원문 子曰；事君盡禮를, 人以爲諂也라 하는도다.
* 팔일(八佾)편

해의 임금에게 〈충〉을 다하는 데 있어서도 올바른 예를 따라야 함을 강조한 말이다.

6. 정공이 물었다. "임금이 신하를 부리고, 신하가 임금을 섬기자면 어떻게 해야 합니까?"

공자께서 대답하셨다. "임금은 신하를 예로써 부리고, 신하는 임금을 〈충〉으로써 섬기면 됩니다."

정공문 군사신 신사군 여지하
원문 **定公問；君使臣**과, **臣事君**을, **如之何**니이까?

공자대왈 군사신이례 신사군이충
孔子對曰；君使臣以禮하고, **臣事君以忠**이니이다.

＊ 팔일(八佾)편

해의 여기서 임금을 〈충〉으로 섬기라 하였지만, 앞 대목의 예로 보아 그 〈충〉은 역시 예와 조화가 되는 것이어야 한다.

7. 공자께서 말씀하셨다. "삼아! 나의 도는 하나로 관통되어 있다." 증자는 "그렇습니다."하고 대답했다.

공자께서 나가시자 한 제자가 물었다. "무슨 뜻입니까?" 증자가 말하였다. "선생님의 도는 〈충〉과 〈서〉일 따름일세."

자왈 삼호 오도 일이관지 증자
원문 **子曰；參乎**아! **吾道**는, **一以貫之**니라. **曾子**

왈 유
曰 ; 唯①니이다.

자출 문인문왈 하위야 증자왈
子出하니, 門人問曰 ; 何謂也니이까? 曾子曰 ;

부자지도 충서 이이의
夫子之道는, 忠恕②而已矣니라.

* 이인(里仁)편

주 ① 唯(유)－네. 그렇습니다.
② 恕(서)－자기의 입장에 비추어 남을 생각하는 것.

해의 증자는 공자의 도가 〈충〉과 〈서〉로 관통되어 있다 하였다. 그것은 공자가 주장하는 〈인〉이 〈충〉과 〈서〉를 바탕으로 하여 이루어진다는 것을 뜻한다. 〈충〉은 정성을 다하여 모든 일에 임한다는 개인의 기본 자세를 뜻하고, 〈서〉는 남을 대할 때 늘 자신의 입장으로 바꾸어 놓고 남을 생각한다는 것이다. 여기의 〈충〉은 나라에 대한 충성뿐만 아니라 개인의 성실한 마음가짐까지도 뜻하는 넓은 의미로 쓰인 것이다.

8. 자유가 말했다. "임금을 섬김에 있어 번거롭게 굴면 욕을 보게 되고, 친구에게도 번거롭게 굴면 소원하게 된다."

자유 왈 사군삭 사욕의 붕우삭

원문 子游①曰 ; 事君數②이면, 斯辱矣요, 朋友數이

사소 의

면, 斯疏③矣니라. * 이인(里仁)편

주 ① 子游(자유)-공자의 제자. 성은 언(言), 이름은 언(偃), 자유는 그의 자.

② 數(삭)-자주 번거롭게 하다. 귀찮게 굴다. 너무 자주 간하는 것 등을 뜻함.

③ 疏(소)-멀어지다, 소원(疏遠)해지다.

해의 〈충〉을 행하는 데 있어 아무리 좋은 얘기라도 너무 여러번 자주 하고, 간하는 말도 너무 자주 하면 반드시 임금의 미움을 받아 벌을 받든가 쫓겨나게 된다. 올바른 말도 몇번 하여 듣지 않으면 그 임금에게서 떠나는 수밖에 없음을 뜻한다.

9. 자장이 여쭈었다. "영윤(令尹) 자문(子文)은 세 번이나 나아가 벼슬하여 영윤이 되었는데 기뻐하는 빛이 없었고, 세 번 그만둘 적에는 노여워하는 빛이 없었으며, 전임 영윤의 정사를 반드시 신임 영윤에게 일러 주었는데, 어떻습니까?"

공자께서 말씀하셨다. "〈충〉되다." "인하다고도 하겠습니까?" "잘은 모르지만 인하다고 할 수야 있겠느냐?"

원문 子張[①]問曰 ; 令尹子文[②]이, 三仕爲令尹하되, 無喜色하며, 三已之[③]하되, 無慍色하며, 舊令尹之政을, 必以告新令尹하니, 何如니이까?

子曰 ; 忠矣니라! 曰 ; 仁矣乎니이까? 曰 ; 未知나, 焉[④]得仁이리오?

* 공야장(公冶長)편

주 ① 子張(자장)－공자의 제자. 성은 전손(顓孫), 이름은 사(師), 자장은 그의 자. 진(陳)나라 사람.

② 令尹子文(영윤자문)－영윤(令尹)은 재상(宰相)에 해당하는 초(楚)나라의 벼슬. 자문(子文)은 초나라의 대부(大夫), 성은 투(鬪), 이름은 곡오도(穀於菟).

③ 已之(이지)－영윤 벼슬을 그만두는 것.

④ 焉(언)－어찌.

해의 여기의 〈충〉은 충실하다는 뜻이다. 〈충〉이 인(仁)의 바탕이 됨은 사실이지만 〈충〉이 곧 인은 아니다. 인에는 〈충〉 이외에도 〈서〉, 곧 남을 생각해 주고, 남을 사랑하는 따뜻한 마음가짐이 더 필요한 것이다.

10. 공자께서 말씀하셨다. "열 집이 있는 마을이면 반드시 〈충〉과 신의에 있어서는 나와 같은 사람이 있겠지만, 나만큼 배우는 것을 좋아하지는 못할 것이다."

원문 子曰(자왈) ; 十室之邑(십실지읍)①에, 必有忠信(필유충신)이, 如丘(여구)② 者焉(자언)이리나, 不如丘之好學也(불여구지호학야)니라.

* 공야장(公冶長)편

주 ① 十室之邑(십실지읍)-열 집이 있는 마을. 조그만 마을.

② 丘(구)-공자의 이름.

해의 공자가 〈충〉과 신의를 가벼이 생각한 것이 아니라, 여기에서는 특히 자신의 학문을 좋아하는 성품을 강조하기 위하여 이런 말을 하고 있는 것이다.

11. 공자께서는 네 가지를 가르치셨으니, 학문·행실·충실·신의였다.

원문 子以四教(자이사교)하시니, 文(문)·行(행)·忠(충)·信(신)이니라.

* 술이(述而)편

해의 공자가 가르친 것으로 학문·행실과 충실·신의의 네 가지가 있는데, 정자(程子)는 "사람들에게 학문과 행실을 가르친 것은 충실·신의를 구현하기 위해서이다. 충실·신의가 그 근본인 것이다."고 이 대목을 설명하였다(《論語集注》).

12. 공자께서 말씀하셨다. "충실함과 신의를 위주로 하고, 자기만 못한 사람을 벗하지 말 것이며, 잘못이 있으면 바로 고치는 것을 꺼리지 말아야 한다."

원문 子曰(자왈) ; 主忠信(주충신)하고, 毋友不如己者(무우불여기자)하며, 過則勿憚改(과즉물탄개)니라.

* 자한(子罕)편

해의 앞 학이(學而)편에 이미 이 말이 보였음.

13. 자장이 덕을 숭상하는 것과 미혹됨을 분별하는 것에 대하여 여쭙자, 공자께서 말씀하셨다. "충성과 신의를 위주로 하고 의로움으로 옮아가는 것이 덕을 숭상하는 것이다. 사랑하면 그가 살기를 바라다가, 미워하게 되면 그가 죽기를 바라는데, 이미 그가 살기를

바라다가 또 죽기를 바라는 것이니, 이는 미혹된 것이다.”

자 장 문 숭 덕 변 혹 　 자 왈 　 주 충 신 　 사
원문 子張問崇德辨惑하니, 子曰 ; 主忠信하고, 徙
의 　 숭 덕 야 　 애 지 욕 기 생 　 오 지 욕 기 사
義이, 崇德也니라. 愛之欲其生하고, 惡之欲其死하
기 욕 기 생 　 우 욕 기 사 　 시 혹 야
나니, 旣欲其生이라가, 又欲其死는, 是惑也니라.

＊ 안연(顔淵)편

해의 덕을 숭상하는 일도 충성과 신의를 지키는 것이 기본이 됨을 강조하고 있다. 사람의 목숨은 하늘에 달려 있는 것인데, 같은 사람끼리 누가 죽기를 바라거나 살기를 바라는 것은 미혹된 일임은 거듭 얘기할 것도 없다.

14. 제나라 경공이 공자에게 정치에 관하여 질문하자, 공자께서 말씀하셨다. “임금은 임금다워야 하고, 신하는 신하다워야 하며, 아버지는 아버지다워야 하고, 자식은 자식다워야 합니다.”

경공이 말하였다. “훌륭한 말입니다! 정말 임금이 임금답지 못하고, 신하가 신하답지 못하며, 아버지가

아버지답지 못하고, 자식이 자식답지 못하다면, 비록 곡식이 있다 한들 내가 먹을 수 있게 되겠습니까?"

제경공 문정어공자 공자대왈 군군
원문 齊景公①問政於孔子하니, 孔子對曰 ; 君君②,
신신 부부 자자 공왈 선재 신여 군
臣臣, 父父, 子子니이다. 公曰 ; 善哉라! 信如③君
불군 신불신 부불부 자부자 수유
不君하고, 臣不臣하며, 父不父하고, 子不子면, 雖有
속 오득이식저
粟④이라도, 吾得而食諸아?

* 안연(顔淵)편

주 ① 齊景公(제경공)－제나라 경공(기원전 547~487년). 영공(靈公)의 아들.

② 君君(군군)－앞의 것은 명사, 뒤의 것은 동사(이하 모두 같음). 곧 임금이 임금답다. 임금이 임금 노릇을 제대로 하다.

③ 信如(신여)－진실로 만약…….

④ 粟(속)－조. 여기서는 곡식을 뜻함.

해의 여기서도 〈충〉과 〈효〉가 정치의 기본이 됨을 역설하고 있다. '임금이 임금답고, 신하가 신하답다'는 것은 〈충〉의 현상이고, '아버지는 아버지답고, 자식은 자식답다'는 것은 〈효〉의 현상인 것이다.

15. 자장이 정치에 대하여 여쭙자, 공자께서 말씀하셨다. "평소에도 거기에 마음을 두고 게을리하지 말고, 일을 행함에 있어서는 〈충〉으로써 해야 한다."

자장문정 자왈 거지무권 행지이
원문 子張問政하니, 子曰 ; 居之無倦하고, 行之以

충
忠이니라. ＊ 안연(顏淵)편

해의 여기서도 정치의 바탕이 〈충〉임을 강조하고 있다. '게으름 피우지 않고, 충실히 일하는 것'이 바로 〈충〉인 것이다.

16. 자공이 벗에 대하여 여쭙자, 공자께서 말씀하셨다. "충고하여 잘 인도해 주되, 잘 안되면 그만두어 스스로 욕을 보지는 말아야 한다."

자공 문우 자왈 충고 이선도지
원문 子貢①問友하니, 子曰 ; 忠告②而善道之하되,

불가즉지 무자욕언
不可則止하여, 毋自辱焉이니라. ＊ 안연(顏淵)편

주 ① 子貢(자공)－공자의 제자, 단목사(端木賜). 자공은 그의 자임.
② 忠告(충고)－충실히 일러주는 것.

해의 '충고'라는 단어에 쓰는 '충'은 말할 것도 없이 '충실' '성실'의 뜻이다.

17. 번지(樊遲)가 인(仁)에 관하여 여쭙자 공자께서 말씀하셨다. "일상생활에 공손하고, 일을 행함에 공경스럽고, 사람들과 어울릴 때에는 충실하여야 한다. 이것은 비록 오랑캐 땅에 가더라도 버릴 수가 없는 것이다."

번지 문인 자왈 거처공 집사경

원문 樊遲[①]問仁하니, 子曰 ; 居處恭하고, 執事敬

여인충 수지이적 불가기야

하며, 與人忠이니라. 雖之夷狄[②]이라도, 不可棄也니라.

* 자로(子路)편

주 ① 樊遲(번지)－공자의 제자. 성이 번, 이름은 수(須), 자는 자지(子遲). 노(魯)나라 사람.

② 夷狄(이적)－오랑캐들. 오랑캐가 사는 곳.

해의 인의 바탕이 〈충〉이다. 개인적으로 공손하고 공경스러우라고 말하고 있지만, 사람이 충실하기 위해서는 자연히 공손하고 공경스럽지 않을 수가 없는 것이다. 따라서 공손·공경 같은 것은 〈충〉의 일면이라고 말할 수도 있을 것이다.

18. 공자께서 말씀하셨다. "그를 사랑한다고 해서 수고롭히지 않을 수 있겠는가? 충실하다고 해서 가르쳐 주지 않을 수 있겠는가?"

자왈 애지 능물로호 충언 능
원문 子曰 ; 愛之라도, 能勿勞乎아? 忠焉이라도, 能
물회 호
勿誨[1]乎아? * 헌문(憲問)편

주 ① 誨(회)-깨우치다. 가르치다.

해의 사람은 충실하다 하더라도 계속 공부해야 한다. 그래야만 정말로 바르고 큰 일을 이룰 수가 있기 때문이다.

19. 자로가 임금을 섬기는 일에 대하여 여쭙자, 공자께서 말씀하셨다. "속이지 말고, 면전에서도 올바른 말을 하라."

자로문사군 자왈 물기 야 이범
원문 子路問事君하니, 子曰 ; 勿欺[1]也하고, 而犯[2]
지
之니라. * 헌문(憲問)편

주 ① 欺(기)-속이다. 거짓말하다.

② 犯(범)—임금 앞에서 굽히지 않고 옳은 말을 하는 것.

해의 여기서는 공자가 임금에게 다하는 충성의 성격의 일면을 가르쳐 주고 있다.

20. 자장이 행실에 대하여 여쭙자, 공자께서 대답하셨다. "말은 충실하고 신의있게 하고, 행동을 독실하고 공경스럽게 하면 비록 오랑캐 나라라 하더라도 통할 것이다. 말에 충실함과 신의가 없고, 행동이 독실하고 공경스럽지 않으면 비록 향리(鄕里)라 하더라도 통하겠느냐? 서있을 때에는 눈앞에 그러한 말과 행동이 제대로 되고 있는가 살펴보고, 수레를 타도 수레 멍에에 그러한 말과 행동이 걸려 있는가 살펴보라. 그래야 제대로 행실을 할 수가 있다."

자장은 이 말을 자기 띠에 적어 두었다.

자장문행 자왈 언충신 행독경
원문 子張問行하니, 子曰 ; 言忠信하고, 行篤敬이면,

수만맥지방 행 의 언불충신 행부독
雖蠻貊之邦①行②矣리라. 言不忠信하고, 行不篤

경 수주리 행호재 입즉견기 참호전
敬이면, 雖州里③行乎哉아? 立則見其④參乎前⑤

야　　재여　즉견기의어형　야　　　부연후행
也요, 在輿⑥則見其倚於衡⑦也니라. 夫然後行이

　　자장서저신
니라. 子張書諸紳⑧하니라.　　* 위령공(衛靈公)편

주 ① 蠻貊之邦(만맥지방)－오랑캐의 나라.
② 行(행)－통행되다. 통하다.
③ 州里(주리)－향리(鄕里). 자기의 고을과 동리.
④ 其(기)－그러한 말과 행동.
⑤ 參乎前(참호전)－앞에서 어울리고 있다. 제대로 되고 있는 것.
⑥ 輿(여)－수레.
⑦ 倚於衡(의어형)－수레 멍에에 걸려 있는 것. 곧 수레를 타고 있을 적에도 자신이 올바른 말과 행동을 하고 있는가 살펴보는 것을 뜻함.
⑧ 紳(신)－큰 띠. 예복의 띠.

해의 여기서도 〈충〉과 신의를 합쳐 사람이 말을 하는 데 있어서 꼭 지켜야만 할 덕 중의 한 종류로 내세우고 있다. 그리고 행동은 독실하고 공경해야 함을 강조하고 있지만, 독실과 공경도 〈충〉의 일면이라고 볼 수 있는 것이다.

21. 공자께서 말씀하셨다. "군자는 아홉 가지 생각하는 바가 있다. 보는 데 있어서는 밝기를 생각하고, 듣

는 데 있어서는 똑똑하기를 생각하고, 안색은 온화할 것을 생각하고, 태도는 공손할 것을 생각하고, 말은 충실할 것을 생각하고, 일에는 공경스러울 것을 생각하고, 의심스러울 때에는 물을 것을 생각하고, 성이 날 때에는 환난을 당할 것을 생각하고, 이득을 보면 의로움을 생각하는 것이다."

공 자 왈　군 자 유 구 사　　시 사 명　　청 사
원문 孔子曰；君子有九思하니, 視思明하며, 聽思
총　　색 사 온　　모 사 공　　언 사 충　　사 사
聰하며, 色思溫하며, 貌思恭하며, 言思忠하며, 事思
경　　의 사 문　　분 사 난　　견 득 사 의
敬하며, 疑思問하며, 忿思難하며, 見得思義니라.

＊ 계씨(季氏)편

해의 여기서도 특히 사람들의 언행에 있어서의 〈충〉을 강조하고 있다. 말이란 대인관계의 바탕이 되는 것이므로 가장 중요하게 생각하고 여기에 〈충〉을 적용시킨 것이다. 그렇다고 해서 개인의 마음가짐이나 일을 하는 데 있어서는 〈충〉이 없어도 된다는 뜻은 아니다.

《대학(大學)》에 보이는 충론

1. 남이 싫어하는 것을 좋아하며 남이 좋아하는 것을 싫어하는 것, 이것을 사람의 본성을 어기는 것이라 하는 것이니, 재앙이 반드시 그 자신에게 미치고야 말 것이다. 그러므로 군자에게는 큰 도가 있으니, 반드시 충실함과 믿음으로써 그것을 얻게 되고, 교만함과 건방짐으로써 그것을 잃게 될 것이다.

원문 好人之所惡(호인지소오)하며, 惡人之所好(오인지소호)를, 是謂拂[①]人之性(시위불인지성)이니, 菑[②]必逮[③]夫[④]身(재필체부신)이니라. 是故(시고)로 君子有大道(군자유대도)하니, 必忠信以得之(필충신이득지)하고, 驕泰[⑤]以失之(교태이실지)하니라.

* 대학장구(大學章句) 전(傳) 제10장

주 ① 拂(불)-어기다.
② 菑(재)-'재(災)'와 통하는 글자. 재난, 재앙.
③ 逮(체)-미치다.
④ 夫(부)-'기(其)'와 같은 조사.

⑤ 泰(태)－치사(侈肆), 곧 제멋대로 행동하는 것.

해의 여기서의 충도 '충실' '성실'의 뜻이지, 임금이나 나라에 대한 충성과는 직접적인 관계가 없다.

《중용(中庸)》에 보이는 충론

1. 충(忠)과 서(恕)는 도로부터 멀리 어긋나지 않는 것이니, 자기에게 베풀어지기를 바라지 않는 것은 또한 남에게 베풀지 말아야 한다.

원문 忠恕(충서)①는, 違道不遠(위도불원)②하니, 施諸(시저)③己而不願(기이불원)을, 亦勿施於人(역물시어인)이니라. ＊ 중용장구(中庸章句) 제13장

주 ① 忠恕(충서)-'충'이란 '성심(誠心)을 다하는 것'이고, '서'란 '남의 입장을 이해해 주는 것'이다.
② 違道不遠(위도불원)-도에 아주 가깝다는 뜻. '위(違)'는 어기다.
③ 諸(저)-'지어(之於)'가 준말로 어조사.

해의 공자의 도인 〈충〉과 〈서〉 중에서도 특히 남을 먼저 생각하라는 〈서〉의 정신을 강조하고 있다.

2. 밑에 관속(官屬)들을 많이 두어 일을 맡기고 부리

게 하는 것은 대신들을 권면하는 방법이다. 충실함과 신의로 상대하고 녹을 무겁게 해주는 것은 사(士)를 권면하는 방법이다.

관성 임사 소이권대신야 충신 중

원문 官盛[①]任使[②]는, 所以勸大臣也니라. 忠信[③]重

록 소이권사야

祿은, 所以勸士也니라. * 중용장구(中庸章句) 제20장

주 ① 官盛(관성)－관속(官屬)이 중성(衆盛)한 것, 곧 부하 관리들이 많은 것.

② 任使(임사)－일을 맡기고 부리는 것.

③ 忠信(충신)－충후(忠厚)함과 믿음으로 대하는 것.

해의 임금이 대신들과 관리들을 올바로 부리는 방법을 설명한 대목이다. 관리들을 잘 대우해 주는 이외에 "충실함과 신의"로 그들을 상대해야 한다고 강조한 점이 특히 중요하다.

《맹자(孟子)》에 보이는 충론

1. 젊은이들에게 여가를 이용하여 효도와 공경과 충성과 신의를 닦은 다음, 들어가서는 그들의 부형들을 섬기게 하고, 나아가서는 그들의 윗사람들을 섬기게 한다면, 몽둥이를 들고라도 진(秦)나라나 초(楚)나라의 튼튼한 갑옷과 예리한 무기들을 쳐부수게 할 수가 있을 것입니다.

장자 이가일 수기효제충신 입이사
원문 **壯者**①**以暇日**②로 **修其孝悌忠信**하여, **入以事**
기부형 출이사기장상 가사제정
其父兄하고, **出以事其長上**③이면, **可使制梃**④하여
이달 진초지견갑리병 의
以撻⑤**秦楚之堅甲利兵**⑥**矣**리이다.

* 양혜왕(梁惠王) 상(上)

주 ① 壯者(장자)-청장년(靑壯年), 젊은이들.
② 暇日(가일)-한가한 날, 여가.
③ 長上(장상)-나이가 많은 분과 위 어른.
④ 制梃(제정)-'제(制)'는 '체(掣)'와 통하며, 몽둥이를

드는 것.

⑤ 撻(달)－치다, 쳐부수다.

⑥ 堅甲利兵(견갑리병)－튼튼한 갑옷과 예리한 무기.

해의 젊은이들에게 효와 충을 중심으로 하는 윤리교육만 잘 시키면 그들의 나라는 강한 나라가 될 수 있다는 것이다.

2. 남에게 재물을 나누어 주는 것을 혜(惠)라 하고, 사람들에게 선한 일을 가르쳐 주는 것을 충(忠)이라 하며, 천하를 위하여 훌륭한 사람을 찾는 것을 인(仁)이라 한다.

원문 分人以財(분인이재)를, 謂之惠(위지혜)요 ; 教人以善(교인이선)을, 謂之忠(위지충)이오 ; 爲天下得人者(위천하득인자)를, 謂之仁(위지인)이라.

* 등문공(滕文公) 상(上)

해의 여기서는 "사람들에게 선한 일을 가르쳐 주는 것"이 〈충〉이라 하였다. 곧 성실히 사람들을 선한 길로 이끌어주는 것이다. 그러면 나라와 사회의 질서도 바로 설 것이다.

3. 군자는 반드시 스스로를 반성한다. '내가 반드시 충실하지 못했겠지?' 스스로를 반성해 보아도 충실했는데, 그의 함부로 하는 짓이 여전하다면 군자는 말할 것이다. '이 자는 망령된 자이구나!'

군 자 필 자 반 야　　아 필 불 충
원문 **君子必自反①也**니라. **我必不忠**이로다 하니라.
자 반 이 충 의　　기 횡 역 유 시 야　　군 자 왈
自反而忠矣로대, **其橫逆②由是③也**면, **君子曰**;
차 역 망 인 야 이 의
此亦妄人④也已矣로다 하니라.　＊ 이루(離婁) 하(下)

주 ① 自反(자반)－스스로를 반성하다.
② 橫逆(횡역)－함부로 행동하는 것, 도리에 어긋나는 짓을 하는 것.
③ 由是(유시)－이와 같다, 여전하다. '유'는 '유(猶)'와 같은 뜻.
④ 妄人(망인)－망령된 사람.

해의 〈충〉은 충실한 것, 성실한 것을 뜻한다. 따라서 〈충〉을 닦은 사람은 전혀 함부로 하는 짓이 없을 것임을 강조한 말이다.

4. 우리는 선생님을 대우하기를 그처럼 충성스럽고 공경스럽게 하였는데, 적군이 쳐들어오자 맨 먼저 떠나

가서 백성들이 보고 본받게 하였습니다.

대 선 생　　여 차 기 충 차 경 야　　　구　지 즉 선

원문 待先生을, 如此其忠且敬也니라. 寇[1]至則先

거　　　이 위 민 망

去하여, 以爲民望[2]하니라.　　　* 이루(離婁) 하(下)

주 ① 寇(구)－적, 적군.

② 民望(민망)－백성들이 바라보고 본뜨게 하는 것.

해의 여기에서의 〈충〉도 충실 또는 성실의 뜻이다. 충실히 남을 대하면 그 사람도 성실히 대응할 것임을 뜻한다.

5. 인(仁)·의(義)와 충(忠)·신(信)을 지키며 선을 즐김에 싫증낼 줄 모르는 것, 이것이 하늘의 작위이다.

인 의 충 신　낙 선 불 권　　차　　천 작　야

원문 仁義忠信, 樂善不倦은, 此는 天爵[1]也니라.

* 고자(告子) 상(上)

주 ① 天爵(천작)－하늘이 내려준 작위(爵位). 타고난 사람의 덕성을 가리킨다.

해의 〈충〉은 여기에서처럼 〈신〉과 결합되어 있는 경우가 가장 많이 보인다. 성실한 사람은 신의가 있을 것

이기 때문이다.

6. 나라의 젊은이들이 그를 따라 공부하면 효제(孝悌)와 충신(忠信)의 덕을 갖추게 된다.

기자제종지 즉효제충신
원문 其子弟從之면, 則孝弟忠信이니라.

* 진심(盡心) 상(上)

해의 앞 대목과 같은 〈충신〉이란 말이 앞에서는 인의(仁義), 여기서는 효제(孝悌)와 연결되어 있다. 성실한 사람은 부모에게 효도를 행하며 형제와 우애를 다할 것이다.

7. 그의 처신은 충실하고 신의가 있는 듯하고, 그의 행위는 청렴하고 깨끗한 것 같아서, 사람들 모두가 그를 좋아하고 그 자신도 올바르다고 여기고 있다.

거지사충신 행지사염결 중개열
원문 居之似忠信하고, 行之似廉潔①하며, 衆皆悅

지 자이위시
之하고, 自以爲是니라.

* 진심(盡心) 하(下)

주 ① 廉潔(염결)－청렴하고 깨끗한 것.

해의 여기서도 〈신〉과 연결시켜 충실한 사람의 행실을 설명하고 있다.

색 인

新完譯 **忠 經**

初版 印刷●2006年 1月 16日
初版 發行●2006年 1月 20日

譯 者●金 學 主
發行者●金 東 求

發行處●明 文 堂
서울특별시 종로구 안국동 17~8
대체 010041-31-001194
전화 (영) 733-3039, 734-4798
(편) 733-4748
FAX 734-9209
Homepage www.myungmundang.net
E-mail mmdbook1@kornet.net
등록 1977. 11. 19. 제1~148호

정가는 표지에 표기되어 있습니다.
ISBN 89-7270-803-8 94150
ISBN 89-7270-052-5 (세트)